丛书编委会

主　　编： 罗　群　赵小平
执行主编： 范　俊　张轲风　潘先林
成　　员： 潘先林　张轲风　范　俊　董雁伟　黄体杨
　　　　　　刘灵坪　侯明昌　娄贵品　王春桥　胡鹏飞

云/大/百/年/史/学/丛/书

云南省边疆行政设计委员会
与云大史学

王冬兰◎著

云南大学出版社
YUNNAN UNIVERSITY PRESS
·昆明·

图书在版编目（CIP）数据

云南省边疆行政设计委员会与云大史学 / 王冬兰著
. -- 昆明：云南大学出版社，2023
（云大百年史学丛书）
ISBN 978-7-5482-4999-3

Ⅰ. ①云… Ⅱ. ①王… Ⅲ. ①云南大学—校史 Ⅳ.
①G649.287.41

中国国家版本馆CIP数据核字(2023)第142781号

策划编辑：张丽华
责任编辑：刘娇娇
封面设计：任 微

云/大/百/年/史/学/丛/书

云南省边疆行政设计委员会
与云大史学

YUNNANSHENG BIANJIANG XINGZHENG SHEJI WEIYUANHUI
YU YUNDA SHIXUE

王冬兰◎著

出版发行：	云南大学出版社
印　　装：	昆明理煌印务有限公司
开　　本：	787mm×1092mm　1/16
印　　张：	9.5
字　　数：	150千
版　　次：	2023年8月第1版
印　　次：	2023年8月第1次印刷
书　　号：	ISBN 978-7-5482-4999-3
定　　价：	45.00元

地　　址：	昆明市一二一大街182号（云南大学东陆校区英华园内）
邮　　编：	650091
发行电话：	0871-65033244　65031071
网　　址：	http://www.ynup.com
E-mail：	market@ynup.com

若发现本书有印装质量问题，请与印厂联系调换，联系电话：0871-64167045。

"学术的生命与精神":百年来云南大学历史学发展回眸

(代序)

国立云南大学校长熊庆来先生说:"夫大学之重要,不在其存在,而在其学术的生命与精神。"云南大学的史学研究已走过百年峥嵘岁月,从初建、启航、发展、沉淀以至日渐兴盛局面的开创,艰苦卓绝自毋庸多言,唯有"学术的生命与精神",如同血液般一直灌注其中,培育了云大史学崇尚学术和经世致用兼举并用的优良传统与精神气质。时逢云南大学百年校庆即将到来之际,有必要回顾和总结云大史学发展的百年历程,以期把握方向,认清前路,走向更辉煌的明天。

一、传统奠定:1923—1949 年间的学术启航

1923—1949 年间是云大史学传统的奠定时期。1923 年,云南大学的前身东陆大学创办之初,即设立包括文、史、经学的国学门。1930 年,东陆大学由私立改为省立,其时已设立历史系。1937 年,全面抗战爆发,熊庆来先生受聘为云南大学校长,秉承"以研究高深学术,造就专门人才"的办学宗旨,聘请和邀约国内知名学者和大批内地高校人才来云大任教,并重新组建了文法学院文史系。1938 年,学校更名为国立云南大学。至 1949 年,荟萃了顾颉刚、钱穆、姜亮夫、白寿彝、袁嘉穀、方树梅、吴晗、方国瑜、尚钺、向达、陶云逵、闻宥、王庸、朱杰勤、谢国桢、翁独健、江应樑、张维华、岑家梧、纳忠、陆钦墀、瞿同祖、丁则良、徐嘉瑞、李源澄、杨堃、华岗、陈复光、刘崇鋐、吴乾就、李埏、马曜、缪鸾和、方龄贵、程应镠等一大批史学英才,极大地繁荣了云大的史学研究,奠定了云大雄厚绵长的史学传统。这一时期,云大的史学发展呈现出以下四个特点:

第一，师资力量雄厚，吸纳了诸多英才，兼聘了郑天挺、闻一多、雷海宗、吴宓、姚从吾、邵循正等众多西南联大学者在云大授课，产生了广泛的社会影响力。尤其是1937—1949年间，云南大学成为国内史学研究重镇。

第二，形成了一批影响深远的学术经典。例如，顾颉刚的《浪口村随笔》《中华民族是一个》，钱穆的《论清儒》《略论王学流变》《中国思想史六讲》，方国瑜的《麽些民族考》，白寿彝的《咸同滇变见闻录》《中国伊斯兰史存稿》，吴晗的《元明两代之"匠户"》《明代的军兵》，向达的《蛮书校注》，瞿同祖的《中国法律与中国社会》《中国封建社会》，袁嘉谷的《滇绎》，楚图南的《纬书导论》，丁则良的《杯酒释兵权考》，江应樑的《西南边疆民族论丛》《西南社会与"西南学"》，翁独健的《新元史、蒙兀儿史记〈爱薛传〉订误》，朱杰勤的《葡人最初来华时地考》《中国古代海舶杂考》，纳忠的《论中国与西亚各国之关系》，徐嘉瑞的《大理古代文化史》《云南农村戏曲史》，杨堃的《论"中国社会史"问题》，陈复光的《有清一代之中俄关系》，吴乾就的《〈咸同滇变见闻录〉评正》《清初之圈地问题》等重要研究成果，均是在云大期间完成或发表的。

第三，创建史学研究平台和参与重大学术工程。1937年，方国瑜等人创办西南文化研究室；筹资编印《元代云南史地丛考》《滇西边区考察记》《明清滇人著述书目》《越南古史及其民族文化之研究》《缅甸史纲》《印度美术史》《暹罗史》等"西南文化研究丛书"11种；创办《西南边疆》杂志，共发行18期。《西南边疆》杂志是抗战时期最重要、最权威的有关西南研究的学术刊物。此外，袁嘉谷、方国瑜、方树梅等学者长期参与云南大型学术工程《新纂云南通志》的编纂和审定。

第四，形成了影响深远、延绵至今的史学传统。在民族危机和国难当头的现实感召下，地处边疆的云大学者葆有强烈的经世致用、关怀现实的家国情怀和经世理念，形成了注重西南边疆民族研究、强调实地民族社会调查路径、厚植云南乡土历史研究等学术传统和研究特色。例如，顾颉刚从边疆民族出发，深入审思历史疆域的形成和中华民族的整体性；方国瑜从古史和古文字研究转向西南边疆研究，并参加中英会勘滇缅南段未定界委员会工作，在实地考察基础上完成《滇西边区考察记》；白寿彝致力于云南回族历史文化研究；向达转向《蛮书》研究；等等。与此同时，江应樑、陶云逵等坚持民族调查方法开展民族文献发掘和民族史开拓；以袁嘉穀、方国瑜、方树梅等为代表的一批学者致力于云南乡土知识体系重建；等等。

二、优势凸显：蹉跎中奋进的"新中国三十年"

1950—1978年间，云南大学经历了全国院系调整、大批师资力量流失、由国立改省属大学等重大变化，加之期间受各种不利因素的严重干扰，研究力量有所萎缩，学术氛围受到影响，整体实力有所下降。尽管如此，这一时期的云南大学史学发展总体上仍保持着蓬勃向上的奋进态势，取得了斐然成绩，呈现出以下特点：

第一，带动全国史学界重大学术命题的讨论热潮。新中国成立后，我国史学界兴起了以"五朵金花"为代表的重大学术命题的讨论热潮。李埏先生先后在《历史研究》上发表《论我国的"封建的土地国有制"》(1956)、《试论殷商奴隶制向西周封建制的过渡问题》(1961)等重要学术论文，提出"土地国有制"这一重要学术概念，成为中国封建土地所有制形式讨论的重要学派和代表人物，带动了全国史学界关于中国土地所有制问题的讨论热潮。此外，马曜、缪鸾和发表长篇论文《从西双版纳看西周》(1963)，继承和发扬以民族活态资料印证古史的"民族考古学"路径，密切参与到土地所有制形式问题的讨论之中。以上研究，学术影响巨大，奠定了云大中国经济史研究在全国的领先地位。

第二，凝聚学术话语体系，历史认识和民族理论获得创新发展。这一时期的云大史学研究也在向着深层次的理论探讨和话语体系构建的方向发展。新中国成立后兴起了"中国的历史范围"讨论，其时学界对中国疆域发展的认识分歧较大，方国瑜先生发表《论中国历史发展的整体性》(1963)一文，强调"王朝史不等于中国史"，应将中原与边疆的历史都视为中国历史发展整体中的一个部分，重点阐释边疆民族地区在中国历史发展中的重要地位和作用。这一理论思考获得史学界的普遍赞誉和认同。此外，民族理论研究和话语体系构建获得创新发展，杨堃的《试论云南白族的形成和发展》(1957)、《关于民族和民族共同体的几个问题》(1964)，熊锡元的《民族形成问题探讨》(1964)等论文，带动了民族形成问题讨论和"中华民族共同体"相关理论话语凝聚，在全国史学界都具有重大的学术前瞻性。

第三，拓展史学人才培养的新路径。云南大学是在历史教学和人才培养中最早开展历史地图编绘探索的教学单位，并于1953年前后初步编绘了世界上古史、世界中古史和部分中国史常用历史地图六十余幅，为历史教学和学生培养提供了极大便利。这一事迹获得媒体和学界报道和关注，云南大学历史系世界史、中国史教研小组联名发表《我们怎样摸索着绘制历史参考地图》(1953)一文，作为重要教学经验向全国推广。此外，云大史学人才培养延续实地调查的优良传统。1959年前后，历史系学生在云南个旧开展矿业调查，梁从诫先生带领学生在当地边上课、边劳动、边调查，其间历史系师生集体编订《云南矿冶史》《个旧锡矿史》《个旧矿业调查》《个旧矿工歌谣选》等著作，朱惠荣、谢本书、邹启宇等著名学者都曾参与此次考察和著述编纂工作，为他们此后勃兴的学术事业奠定了扎实基础。

第四，积极参与国家重大学术工程。1953年始，方国瑜、江应樑、杨堃等教授受到委托，带领云大众多师生参加少数民族社会历史调查和民族识别工作。1961年始，方国瑜作为周总理亲自关怀的国家重大学术工程——《中国历史地图集》西南部分编绘工作的负责人，与尤中、朱惠荣一起完成这一国家使命，彰显了云大史学的研究实力，培植了云大历史地理学发展的深厚土壤。1965年，方国瑜等学者还启动了《云南史料丛刊》的编撰，惜因各种缘故而中断。

在专业设置与机构上，云南大学历史系先后设立历史学、中国民族史、档案学、图书馆学、人类学、社会工作、世界史专业，形成了以方国瑜、江应樑、杨堃、李埏、尤中等为代表的学科队伍；成立了具有学科特色的西南文化史、中国民族史、云南地方史、中国封建经济史、西南边疆史、南亚东南亚史、西南亚史、西南古籍研究等科研教学机构。其时，云南大学的史学研究逐渐呈现出研究方向上的优势和特色：中国民族史特色日益突出，中国经济史发展迅速，形成了一系列具有全国性影响力的重要成果。而在世界史领域，以纳忠先生为代表的西亚、阿拉伯史研究独树一帜，并形成了纳忠、杨兆钧、张家麟、武希辕、李德家、施子愉、方德昭、邹启宇、赵瑞芳、吴继德、左文华、唐敏、黎家斌、徐康明等人为骨干的世界史学科队伍。除上述已见的成果外，尚有方国瑜的《有关南诏史史料的几个问题》《汉晋时期在云南的汉族移民》《唐宋时期在云南的汉族移民》，李埏的《略论唐代的"钱帛兼行"》，江应樑的《明代云南境内的土官与土司》《凉山彝族社会的历史发展》，尤中的《汉晋时期的"西南夷"》，吴乾就的《关于杜文秀的评价问题》，等等。总言之，这一时期逐渐奠定了中国民族史和中国经济史在云大史学研究中的基石地位。

三、巩固特色：改革开放二十年的机构与学科建设

改革开放后，云大史学研究迎来新的春天，进入一个跨越式发展阶段。在学科建设上，1981年，云南大学的中国民族史获博士学位授权，成为新中国以来首批博士学位授权点。1981年，世界史获得地区国别史的硕士授权。1986年，专门史（经济史）获博士学位授权。同年，中国民族史、中国经济史列为云南省首批省级重点学科。1995年，云南大学历史系被国家教委批准为全国普通高校文科基础学科人才培养与科学研究基地。2000年，以中国民族史为重要支撑的西南边疆少数民族研究中心获批教育部全国普通高校人文社会科学重点研究基地。2000年，获得世界史二级学科博士授权，云南大学成为我国较早获得世界史硕士、博士授权的大学之一。与此同时，相关学术机构纷纷成立。1980年，成立西南边疆民族历史研究所；1984年，成立西南古籍研究所；1999年，成立西南边疆少数民族研究中心。其间，创办《史学论丛》《西南民族历史研究所集刊》《西南古籍研究》《西南边疆民族研究集刊》等多种学术刊物，在学界产生重要影响。教研团队建设取得较大发展，诸多青年英才成长为史学研究的骨干力量，形成了两大优势学科团队，即以方国瑜、江应樑为学术带头人，以木芹、林超民、徐文德、郑志惠、陆韧、潘先林、秦树才等学者为骨干的中国民族史学科队伍；以李埏为学术带头人，以朱惠荣、董孟雄、林文

勋、武建国等学者为骨干的中国经济史学科团队。同时，云南大学世界史学科以亚洲、非洲等发展中国家为基本研究领域，以东南亚史、南亚史、西亚非洲史、亚太国际关系史研究为研究重点，也重视欧美史及西方史学理论的研究，在东南亚史、南亚史、西亚非洲史、亚太国际关系史方面形成了自身的优势和特色，先后建成了以贺圣达、左文华、吕昭义、何平为带头人的南亚东南亚史研究团队，以肖宪为带头人的中东史研究团队，以唐敏、徐康明、许洁明、李杰为带头人的欧美史研究团队，以及以刘鸿武为带头人的非洲史研究团队。

推出了一批重要学术成果：1978年，在方国瑜先生主持下重启《云南史料丛刊》编撰，虽因各种原因时断时续，最终在林超民教授主持以及徐文德、郑志惠等学者的共同努力下，《云南史料丛刊》共计十三卷，于1998—2001年间全部出版。《云南史料丛刊》的问世不仅完成了民族史同仁三十年的心愿，且进一步夯实了云大民族史的研究基础。江应樑、林超民主编的《中国民族史》（民族出版社，1990）共三册，110万字，是新中国成立以来第一部中国民族史方面的通史著作，获得国家图书奖。此外，尚有一批影响力巨大的学术经典著述问世，例如，方国瑜的《云南史料目录概说》《中国西南历史地理考释》《彝族史稿》，江应樑的《傣族史》，尤中的《中国西南民族史》《中国西南边疆变迁史》《僰古通纪浅述校注》，木芹的《云南志补注》《南诏野史会证》《两汉民族关系史》《中华民族历史整体发展论》等民族史研究力作，以及李埏的《中国封建经济史论集》，李埏和武建国合著的《中国古代土地国有制史》，李埏和林文勋合著的《宋金楮币史系年》，李埏主编的《中国封建经济史研究》，武建国的《均田制研究》等经济史研究成果。

这一时期的云大史学发展呈现出以下特点：首先是相关学术机构的建立和人才培养体系的健全，云南大学获得了更大的发展空间；其次，明确了发展方向和目标，正式确立了中国民族史和中国经济史的传统优势学科地位；再者，学术成果大量涌现，青年人才不断成长，保障了云大史学研究的持续进步。同时，中国近现代史、中国古代史、历史地理学、历史文献学、南亚东南亚史、欧美史、非洲史等研究方向都有较快发展。

四、开拓创新：新时代下加快"三大体系"构建的特色道路

最近 20 年，云南大学的历史学在学科体系建设、学术研究、团队建设、人才培养、社会服务等各方面都取得了长足发展。2003 年，获得历史学一级学科博士学位授权和博士后科研工作流动站。2006 年，自主增设中国社会史、中国边疆学 2 个二级学科博士学位授权点。2007 年，专门史（中国经济史、中国民族史）获准为国家重点学科。同年，获批云南省哲学社会科学研究基地"滇学研究基地"。2011 年，中国史一级学科获博士学位授权。2016 年，中国史入选云南省高峰学科。2019 年，被教育部认定为首批"国家级一流本科专业"建设点。中国史在 2017 年教育部公布的第四轮学科评估中获得 B（排名位于前 20%—30%）。2021 年、2022 年公布的软科学科排名，中国史连续进入前 10%。近 5 年来，云南大学历史学学科成员获得第七届高等学校科学研究优秀成果奖 3 项、第五届郭沫若中国历史学奖提名奖 1 项，获得云南省哲社优秀成果奖 56 项、云南省高等教育教学成果奖 2 项、云南省级教学奖 3 项；主持国家社科基金重大项目 7 项、一般项目近百项；承担中国历史研究院重大项目 1 项、委托项目 6 项，且系《（新编）中国通史·中国民族史卷》主编单位。云大史学已发展成为国内史学领域优势特色明显、教研体系完备、师资力量雄厚、科研成果突出、学术影响甚大的学术重镇。

持续加强平台、团队、师资建设，努力构建完备的学术体系。先后成立了中国经济史研究所、西南环境史研究所、中国历史地理研究所、古地图与丝绸之路研究中心、"数字人文"实验室等学术机构；建成 5 个省级哲学社会科学创新团队；持续打造西南学工作坊、中国民族史青年学者研习营、"富民社会"理论研习营等学术沙龙品牌。近 5 年来，引进 7 位在国内颇具学术影响的知名学者以及 10 余位研究能力突出的青年才俊，新增东陆骨干教授 2 人、东陆青年学者 2 人，国务院学科评议组成员 2 人，入选国家级人才计划 3 人，入选云南省级人才计划 10 余人。目前，云大历史学科团队共有正高级职称 32 人、副高级职称 26 人、中级职称 18 人，博士生导师 17 人。

推出了一批影响力较大的教研成果:《方国瑜文集》《李埏文集》相继问世;持续推出"中国边疆研究丛书""云南大学宋史研究丛书""云南大学中国经济史研究丛书""云南地方经济史研究丛书",以及方国瑜的《云南民族史讲义》,尤中的《中国西南民族地区沿革史(先秦至汉晋时期)》,武建国的《汉唐经济社会研究》,林文勋的《唐宋社会变革论纲》《中国经济史研究的理论与方法》《中国古代"富民"阶层研究》,方铁的《西南通史》,吕昭义的《英属印度与中国西南边疆:1774—1911》《英帝国与中国西南边疆:1911—1947》,陆韧的《云南对外交通史》,何平的《从云南到阿萨姆:傣—泰民族历史再考与重构》《东南亚的封建—奴隶制结构与古代东方社会》,李杰的《历史进程与历史理性》《马克思主义史学思想史》,殷永林的《独立以来巴基斯坦经济发展研究:1947—2014》,许洁明的《英国贵族文化史》,张锦鹏的《南宋交通史》,成一农的《当代中国历史地理学研究》,钱金飞的《德意志近代早期政治与社会转型研究》等学术力作。学科成员在《中国社会科学》《历史研究》《中国史研究》《世界历史》《民族研究》《世界民族》《中国边疆史地研究》《史学理论研究》《中共党史研究》等权威刊物上发表学术论文百余篇。同时,诚聘20余位海内外经济史、边疆学知名学者集中打造"中国经济史研究的理论与方法""中国的边疆与边疆研究"研究生优质课程,以慕课方式推向全国,出版教材,以研促教,教研结合。

进一步巩固基础,凝练特色,发展新兴领域。通过学术合作、构筑平台、团队组建、推出成果等方式,不断巩固提升中国经济史、中国民族史传统优势学科,大力发展西南边疆史与中国边疆学、历史地理学等新的特色方向,取得了极为显明的成效,目前已发展成为云大中国史的四个龙头方向。同时,紧跟时代步伐,加强世界史、考古学建设力度,积极拓展数字人文、环境史、海洋史、国家治理史等新兴领域。其间积极开展话语体系构建的理论探索。林文勋教授的中国古代"富民社会"学说,自21世纪初提出以来,已确立起学术概念与学术框架,初步建构了自成一家的理论体系,成为新时期重新阐释中国古代特色发展道路的重要话语体系之一。以世界史研究为基础形成的一些政府决策咨询报告,获得党和国家最高领导人亲自批示,上升为我国对缅甸、中南半岛国家和南亚国家的重大决策，在全国产生了重大影响。

学术交流频繁，先后承办中国历史文献学会年会、中国灾害史年会暨西南灾荒史国际学术会议、世界史高层论坛、中国边疆学论坛、中国环境史国际学术研讨会、中国民族史年会、教育部历史学教指委中国史学科建设研讨会、地图学史前沿论坛暨"《地图学史》翻译工程"国际研讨会、第二届新时代史学理论论坛等大型学术会议，有力地推动和彰显了云大史学在国内外的学术影响力。

近 20 年来，云南大学历史学在强化特色基础上不断扩展新领域、新方向，大力推进团队和师资建设，积极开展科研项目申报和研究，持续推出优秀学术成果，扩大学术交流和学术影响，开拓学术推广和公众服务，实现了全方位、全系统的提升和体系完备。如今，云大史学同仁沿着先辈的足迹，在加快构建中国特色历史学学科体系、学术体系、话语体系的道路上砥砺前行，已开拓出一条符合实际、行之有效、彰显特色的发展道路。

编委会

2023 年 1 月

出版说明

为迎接云南大学百年校庆,推动学术交流,纪念史学前辈对云大史学发展做出的突出贡献,表彰其卓越的史学成就,云南大学的史学同仁特意推出了"云大百年史学丛书"。

"云大百年史学丛书"包括《云南省边疆行政设计委员会与云大史学》(王冬兰著)、《私立五华文理学院与云大史学》(尹馨萍著)、《国立云南大学西南文化研究室与云大史学》(谢太芳著)、《〈学术研究〉与云大史学》(左菲悦著)、《历史系师生工矿史调查与云大史学》(李能燕著)共5种。该丛书以梳理重要学术机构与云大史学发展史为主旨,其中也辑录了非常丰富的原始资料,对云大史学发展史和相关学术研究均具有重要的价值。

目 录

序 章 …………………………………………………………… 001

第一章 应运而生的边政机关：云南省边疆行政设计委员会 …… 009

第一节 云南省边疆行政设计委员会成立的背景 ………… 009
一、边疆危机加深 ………………………………………… 009
二、边疆开发之基：抗战时期云南工商等事业之发展 …… 010
三、大后方和前沿：抗战时期云南的战略地位 ………… 012
四、机遇和挑战：抗战时期西南边疆调查 ……………… 013
五、"后方建设之重要，不亚于前方之战事"：云南省政府对边疆
　　开发的重视 ………………………………………… 015

第二节 云南省边疆行政设计委员会之成立 ……………… 016
一、云南省边疆行政设计委员会的成立与人员构成 …… 017
二、云南省边疆行政设计委员会的边政方针、工作原则和工作
　　计划 ………………………………………………… 020

第三节 云南省边疆行政设计委员会的工作内容 ………… 021
一、边疆调查 ……………………………………………… 021
二、边疆研究 ……………………………………………… 022
三、边疆开发设计 ………………………………………… 023
四、边疆行政 ……………………………………………… 025

第四节 江应樑离任后的云南省边疆行政设计委员会 …… 030
一、边区开发方案试点工作 ……………………………… 030
二、李宗黄筹建云南省建设委员会无果 ………………… 031
三、杨履中主持云南省边疆行政设计委员会的工作 …… 032
四、云南省边疆行政设计委员会的贡献 ………………… 033

第二章　学术服务边政：江应樑的学术人生与政学经历 …… 035
第一节　江应樑的学术人生 …… 036
一、敏而好学　结缘学术 …… 036
二、行万里路：边区田野调查 …… 037
三、重返云南　任教云大 …… 041
第二节　力求政学兼顾：江应樑的从政之路 …… 043
一、就任云南省边疆行政设计委员会主任 …… 043
二、担任车里县县长 …… 044

第三章　《正义报·边疆周刊》与云大史学 …… 051
第一节　方国瑜、顾颉刚与《正义报·边疆周刊》之创办 …… 052
一、方国瑜对《正义报·边疆周刊》创刊的启发 …… 052
二、《正义报·边疆周刊》对顾颉刚《益世报·边疆周刊》之承续 …… 055
第二节　江应樑主持《正义报·边疆周刊》 …… 060
一、陆崇仁支持创办《正义报·边疆周刊》 …… 060
二、江应樑编发《正义报·边疆周刊》 …… 062
第三节　《正义报·边疆周刊》作者群与云大史学 …… 070

第四章　"新云南"建设：云南边疆开发方案与云大史学 …… 075
第一节　"新云南"建设中的边疆开发 …… 076
第二节　江应樑与《边疆行政人员手册》 …… 079
第三节　巴布凉山历险　《大小凉山开发方案》编写 …… 086
一、江应樑巴布凉山历险 …… 086
二、《大小凉山开发方案》与江应樑彝族研究 …… 090
第四节　探寻滇西土司　《腾龙边区开发方案》问世 …… 096
一、揭开滇西土司神秘面纱 …… 097
二、编写《腾龙边区开发方案》 …… 104
第五节　江应樑与《思普沿边开发方案》 …… 109
一、"今生不到西双版纳，死不瞑目" …… 110

二、《思普沿边开发方案》编写　西双版纳田野调查 …………… 115
三、重登光明彼岸　又见学术春色 …………………………………… 120

第五章　殊途同归：云大史学对"衙门里的学术机关"研究传统的承续 …………………………………………………………… 122
第一节　云大史学跨学科研究的传统 ………………………………… 123
第二节　云大史学学术研究与政治现实结合的传统 ………………… 127
第三节　"通古今之变"：云大史学的智库研究传统 ………………… 130

后　记 ………………………………………………………………… 133

序 章

　　云南省地处中国西南边疆，介于北纬 21°8′~29°15′，东经 97°31′~106°11′之间，北回归线横贯云南省南部。全省总面积 39.41 万平方千米，占全国陆地领土面积的 4.1%，居全国第 8 位。云南东部与贵州、广西毗邻，北部与四川相连，西北部紧依西藏，西部与缅甸接壤，南部和老挝、越南毗邻，国境线长达 4060 千米，是中国边境线最长的省份之一，有 8 个州（市）的 25 个边境县分别与缅甸、老挝和越南交界。自古以来，云南省作为印度文明和中华文明两大文明的交汇地，成为沟通南亚、东南亚文明的重要渠道，是南方丝绸之路的必经之地。云南属低纬度内陆地区，地势西北高、东南低，自北向南呈阶梯状逐级下降，为山地高原地形，山地面积占全省总面积的 84%，地跨长江、珠江、元江、澜沧江、怒江、大盈江 6 大水系，大小河流有 600 多条，天然湖泊有滇池、洱海等 40 多个。在山水之间，还镶嵌着大小不一、形态各异的盆地，它们被称作坝子。由于这些坝子地势平坦，土壤肥沃，且有河川湖泊，是农业生产的基地和人口密集城镇的所在地。全省地势海拔最高处 6740 米，最低处位于滇越边境的河口县，海拔只有 76.4 米，海拔相差 6600 多米。低纬度的地理位置与复杂的山川地势相结合，使云南气候呈多样性，基本属于亚热带和热带季风气候，滇西北属高原山地气候，具有热带、温带、寒带三种气候。这种复杂的气候，为各种农作物生长提供了条件。云南动植物种类为全国之冠，素有"动物王国"和"植物王国"之称。此外，云南的矿产资源极为丰富，尤以有色金属等著称，又被誉为"有色金属王国"。

　　在云南的土地上，生活着汉族、彝族、白族、哈尼族、壮族、傣族、苗族、傈僳族、回族、拉祜族、佤族、纳西族、瑶族、藏族、景颇族、布朗族、普米族、怒族、阿昌族、德昂族、基诺族、蒙古族、布依族、独龙族、水族等 26 个民族，占全国 56 个民族种类的将近一半。地处边疆山区和多民族的两大特点，为云南历史的发展打上了深深的烙印。云南是人类

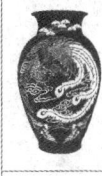

最早的发祥地之一,有着悠久的历史。云南是中国西南的门户,云南的稳定对西南边疆地区乃至国家的稳固有着重要意义。正因如此,历代统治者都比较重视对云南的治理与开发。

秦汉之际,中央政府就在云南设置郡县,将云南纳入中国版图。元代,云南成为一个行省。明代在云南实行"土流兼治",内地以流官为主,边疆地区以土司为主。清承明制。1840年鸦片战争之后,中国的门户被打开,英国对缅甸进行殖民统治,法国强占越南,中国西南边疆藩篱尽撤,强邻逼处。处于英属缅甸和法属越南之间的云南面临强邻入侵的危险,边疆危机日益严重,成为西方列强向中国扩张殖民势力的前沿。英国占领上缅甸后,计划占领云南、四川等西南各省,连通其在长江流域的利益链,将云南确定为进入中国西南内地乃至长江中上游地区的后门和跳板。法国不甘心英国独占云南,在19世纪80年代吞并越南后也把殖民触角伸向滇南地区,将云南视为它在越南势力的延伸,划云南东部和两广为其势力范围,强行占领广州湾。此后,昔日被视为"边地"的云南,一跃成为国防滩头阵地。云南之所以如此重要,与英法对清朝的越南、缅甸等藩属的殖民侵略直接相关。中国各族人民基于严重的危机意识,要求反抗西方帝国主义国家对中国的侵略,维护清朝领土和主权的完整,加强对边疆地区的开发与控制的呼声日益高涨。

晚清以来,云南具有重要的国内国际战略地位,具有"倒挈天下之势"。晚清人士姚文栋就曾说过:

> 夫目论之士,以为云南遐荒,不关形要,而不知云南实有倒挈天下之势。由云南入四川,则踞长江上流;由云南趋湖广而据荆襄,则可动摇北方,顾亭林《群国利病》书言之矣。况英今有印度、缅甸以为后路之肩背,则形势更胜昔日,英之觊觎云南,非一朝一夕矣。夫云南之得失,关乎天下[①]。

云南与缅甸、越南等接壤,传统上没有明确的边界,但自英法侵占缅

---

① 张凤岐:《西南边疆问题与云南》,《外交月报》1933年12月第3卷第6期。

甸和越南后，云南也开始遭到列强的蚕食和侵吞，近代界务问题随之出现，西南边疆危机也日益加剧。云南的这种"倒挈天下之势"，仍深深印在国人心中。民国十八年（1929年）出版的中国地图做了解释，再次提到云南重要的战略地位：

> 云南实有倒挈天下之势。何谓倒挈天下？潜行横断低谷可以北达羌陇，东趋湖南而据荆襄可以摇动中原，东北入川则据长江上游，更出栈道直取长安而走晋豫，故天下在其总挈。全国一大动脉之长江，唯云南扼其上游，所为纵横旁出，无不如志，然则云南省者，固中国一大要区也①。

民国肇建后，云南各族人民在"固国防，捍边疆"的旗帜下积极推进边疆建设。龙云成为云南省主席后，顺应历史发展潮流，在云南大力推行政治、经济和文化建设，鼓励知识分子到云南边疆地区进行调查研究，对云南边疆地区的开发和国防的巩固起到了一定的作用。

1931年"九一八"事变后，中国开始了长达14年的抵抗日本侵略的战争，中国人民开始了抗日救亡、民族解放的伟大历史时期。1937年"七七事变"爆发后，全面抗战爆发，南京国民政府对日宣战，云南省主席龙云发表了讲话，指出："日本军人横蛮无理，辱我华人，至此已极。凡我国人，应下最大决心，准备为国牺牲"。要"将全滇一千三百万民众的爱国之热忱，及全部精神物质力量，贡献中央准备为祖国而牺牲。"②云南各族人民在云南省政府的动员下，用生命构筑了滇缅公路，为抗战做出了突出贡献。滇缅公路修通后，云南边疆地区成了首先被开发的地方。

随着南京国民政府迁都重庆，加之东南沿海国土沦陷，云南成为国家的大后方，战略地位愈发重要，大批科研教育机构和工商业迁往云南等地，"几十万沦陷区的同胞逃到云南来。昆明一时百业俱兴，空前繁荣"③。国民政府为了使云南等西南各省成为中华"民族复兴的根据地"，中央和

---

① 雷达：《皋兰夜语》，东方出版中心2014年版，第43页。
② 谢本书：《云南近代史》，云南人民出版社1993年版，第461页。
③ 孔庆福：《抗战时期西南的交通》，云南人民出版社1992年版，第238页。

云南省地方政府开始高度重视西南边疆开发，提出"设置边政研究机关，敦聘专家，搜集资料，研究计划边疆建设问题，以贡献政府参考，并以提倡边疆建设之兴趣"①，学术界也开始响应政府号召，蒙藏委员会成立了中国边政学会，专门充实边疆研究工作，以推进边疆研究和开发。很多学者开始对西南边疆进行积极热情的调查研究工作，掀起了西南边疆研究和开发的高潮。这一时期成为建设和开发云南边疆千载难逢的机会。

全面抗战爆发前后，大批著名学者和教育研究机构先后进入云南，方国瑜、江应樑、顾颉刚、费孝通等著名学者到云南大学任教，成立了云南大学西南文化研究室等机构，开始在云南开展边疆考察和研究工作。在西南边疆各省中，云南边疆的调查研究一骑绝尘。1930 年后，毕业于北京师范大学和北京大学的方国瑜开始研究云南边疆问题，逐步改变了云南边疆研究相对薄弱的情况，在这一时期出现了一个研究高潮，究其原因"主要是由于政府西迁，人文荟萃于西南一隅"，"西南边区人民在战略上与政治上有举足轻重之势"，各专业学者，无论社会学家、语言学家还是历史学家，都在谈论云南边疆，使云南边疆受到国人的空前关注，凌纯声等著名学者指出："对西南边疆，只有很少一部分的忧心人士在呼喊，未能唤起举国一致的推动，此实为晚近国家建设上一件不幸之事"②。他们呼吁：学术界要调查西南，研究西南，从而认识西南，了解西南，介绍西南。云南在国人的心里不再是"五谷不生，千里不毛"的蛮荒之地，而是"肥沃膏腴，物产富饶"之区，"现在沿海的人才财力都已被迫流向边地，正是建设西南边疆千载难遇的机会，希望举国上下，切莫错过"，云南边疆开发问题被提上日程，时人呼吁：

> 西南成为今后抗战建国的重心，"开发西南""发展西南"，不期然就成为全国人士一致的呼声！可是现在已非坐而言的时候，是要起而行的时候，"行"之先，尤必须对西南一般实际情

---

① 《八中会议通过之边疆施政纲要——关于加强国内各民族及宗教间之融合团结，以达成抗战建国成功目的之施政纲要（主席团提）》，《边政公论》1941 年第 1 卷第 1 期。

② 凌复民：《建设西南边疆的重要》，《西南边疆》1938 年第 2 期。

况有正确的认识，和深切的了解，然后才"行"得通，才能收实际的效果①。

1942年滇缅抗战爆发后，云南不仅是中国抗战的大后方，世界反法西斯战争的最前沿，也是国家重点建设和发展的前沿边疆：

  以前要研究边疆，而边疆不易来；要开发边省富源，而资本缺乏。现在沿海的人才财力都已被迫流向边地，正是建设西南边疆千载难逢的机会②。

腾龙边区沦陷后，怒江以西国土全部沦陷，当时唯一的陆上国际交通运输大动脉滇缅公路被切断，大量援华物资的运输面临重重困难，在云南大学任教的江应樑等学者开始呼吁："由于事实上的急切需要，边疆的开发，实应由理论时期，跨入实行时期"。强调西南边疆应由学术理论研究进入实践开发阶段。江应樑和其他云南大学的教授们开始奔走呼吁，云南急需开发边疆，发展边疆交通，实现边疆与内地的一体化，以增强中国的抗战力量，并为以后的战略反攻做准备。到1943年底，世界反法西斯战争的形势日趋明朗，滇缅战场中国军队也开始为对日反攻做准备，社会各界对于抗战结束后的建国问题开始展开讨论，而边疆的开发和建设成为抗战建国的重要议题。地处西南边陲的云南省不再像之前一样，囿于人才、经费和交通等的匮乏，而无法有效进行边疆开发和建设，云南边疆开发和建设已提升到了国家战略层面，相关议题的讨论更是热火朝天。云南省边疆行政设计委员会就是在这样的背景下成立的，并开始展开对云南边疆的研究、开发和建设。

需要注意的是，云南大学与云南省边疆行政设计委员会的建立、工作开展等关系密切。云南大学地处西南边疆，是中国西南边疆研究的重镇之一。自1923年建校以来，云南大学就有西南边疆研究的传统。云南大学的

---

① 王兴瑞：《西康文物展览会》，《西南边疆》1939年第5期。
② 凌复民：《建设西南边疆的重要》，《西南边疆》1938年第2期。

边疆研究，为云南省边疆行政设计委员会的成立，以及在开发云南边疆的过程中，在调查、研究、设计和施政等方面都做出了重要贡献。

私立东陆大学时期，就曾筹设滇边调查部。1923年6月，私立东陆大学校长董泽因"滇省西界西藏，东南界安南，西南界缅甸，缅甸之东南又界暹罗，边务之重要，关系于时局、前途非浅，而吾滇尤唇齿相依，际此强邻窥伺之秋，设不注重边防，何以攘外而戢内。慨自民国肇基以后，国人咸役役于名利之途，大势安危，懵焉弗觉，滇人尤缺完全教育，更不知累卵之危"，故向当时的省长唐继尧建议，"以教育之设施，为国家之补救"，"内维国势，外度藩疆，知非熟探边务，无以开外境之财源；非培养通才，无以施殖边之政策"，故需在东陆大学设滇边调查部，计划设立西藏、缅甸、安南和暹罗等4个系，且先设西藏系，添设藏文一科。还制定了《东陆大学附设滇边调查部简章》，共14条①。董泽提出的东陆大学附设滇边调查部的建议虽然没有付诸实践，但展现了云南大学自建校伊始，便开始关注西南边疆研究，并自觉地将西南边疆研究作为学科创建和发展的目标之一，反映了云南在西南边疆中的重要地位，云南大学在处理周边国家关系的问题上有高度的自觉和深刻的认识，绘制了云南大学西南边疆研究的蓝图。

1935年，云南大学方国瑜教授参加了中英会勘滇缅南段未定界的边界勘察工作，胸怀家国情怀的方先生毅然放弃在南京中央研究院的优越学术条件和已经取得显著学术成就的相关研究，决然返回云南昆明，到云南大学执教，标志着云南大学边疆研究的开端。1934年"班洪事件"发生后，云南省内外人士一致呼吁国民政府派员调查，与英国交涉。当时方国瑜正在南京中央研究院历史语言研究所勤奋苦读，"班洪事件"的发生加剧了西南边疆危机，对方国瑜也产生了很大刺激，他开始关注西南边疆问题，发表了很多有关边界问题的文章，为中英滇缅边界谈判提供了很多可靠的重要历史依据。此时，中英双方交涉界务，决定两国派员会勘滇缅南段未定界。方国瑜的文章引起了尹明德的注意，他希望方国瑜参加勘界委员会

---

① 董泽：《私立东陆大学拟办滇边调查部呈省长意见书》（1923年6月），载刘兴育主编《云南大学史料丛书·学术卷：1923—1949年》，云南大学出版社2010年版，第2页。

工作。方国瑜欣然同意接受中国委员随员的职务,参加了这次勘界会议。这次界务会议,使得方国瑜更加认识到研究西南边疆问题对捍卫国家边疆和主权统一的重要现实意义。参加完中英滇缅边界南段界务会议后,方国瑜于1936年6月返回云南昆明,并留在昆明,于同年9月,开始执教于云南大学。从此,方国瑜加入了中国西南边疆研究的队伍,成为其中的重要一员。

在云南大学任教期间,方国瑜与凌纯声等创办了《西南边疆》,这是抗战时期西南边疆研究最权威的学术刊物。它不仅刊登了具有重要史料价值和研究价值的历史文献资料,还登载了许多讨论西南边疆开发和建设的社会现实性文章和报告,具有重要的现实意义[1]。江应樑、顾颉刚等是重要撰稿人。1941年,方国瑜、江应樑等还创立了云南大学西南文化研究室,在《国立云南大学西南文化研究室计划书》中指出了该研究室对边疆开发的价值和意义:"滇之西南区,土壤肥沃,资源极富,而地广人稀,榛莽未开。且地连缅越,与印度、暹罗、马来半岛诸境,道途相通,不论民族、宗教、经济诸端,莫不息息相关。当集拿人民,开发地利,进而求边外诸境之融合,与我协力,必大有助于我"[2]。方国瑜此举,不仅活跃了云南大学的学术研究氛围,推进了云南大学西南边疆研究,提高了云南大学的学术水平,也为后来云南省边疆行政设计委员会所聘者大都为学者奠定了一定基础。方国瑜与江应樑在云南大学任教,并从事西南边疆研究,对于云南省边疆行政设计委员会的设立和工作展开起了关键作用。

顾颉刚在云南大学执教期间创办了云南版《益世报·边疆周刊》,其宗旨为"并非来凑热闹,为的是想供应现时代的需要","把边疆的情势尽量贡献给政府而请政府确立边疆政策,更要促进边疆人民与内地同胞合作开发的运动,并共同抵御野心国家的侵略"。该刊对云南省边疆行政设计委员会的喉舌《正义报·边疆周刊》产生了重要影响。而《益世报·边疆周刊》又受到了方国瑜等主持的《西南边疆》的启发和影响,这从《西南边疆》发刊词可知。1938年,云南大学教授顾颉刚负责《益世报·边疆周

---

[1] 娄贵品:《方国瑜与中国西南边疆研究》,人民出版社2014年版。
[2] 刘兴育主编:《云南大学史学丛书·学术卷:1923—1949年》,云南大学出版社2010年版,第18页。

刊》,至其1939年离开云南,共发行了27期,该刊重点关注云南的边疆和民族问题。顾颉刚先生离开云南大学后,《边疆周刊》在云南得到了延续,云南省边疆行政设计委员会为介绍边地政情和民俗,促进国人对云南边疆的兴趣,以有利于云南边疆的开发建设,编辑了《边疆周刊》,在昆明《正义报》刊出①。此外,云南大学江应樑教授直接参与云南省边疆行政设计委员会的筹办工作,任主任。受顾颉刚《益世报·边疆周刊》的启迪和影响,他创办了《正义报·边疆周刊》,而且还编写了云南边疆开发方案,制定边疆研究的相关准则等。

---

① 《一年来边疆行政设计概况》,载云南省民政厅编《一年来之云南民政》,1944年。

第一章　应运而生的边政机关：云南省边疆行政设计委员会

第一节　云南省边疆行政设计委员会成立的背景

一、边疆危机加深

云南民族众多，广泛分布在全省各地，并有傣族、壮族、苗族、景颇族、瑶族、哈尼族、德昂族、佤族、拉祜族、彝族、阿昌族、傈僳族、布依族、怒族、布朗族、独龙族16个跨境民族。有长达4060千米的国境线，西部、西南部与缅甸接壤，南部与越南接壤。云南的边疆问题和民族问题相互交织。

19世纪开始，随着西方帝国主义的不断入侵，对于帝国主义的侵占掠夺和殖民者在云南的探查活动，云南人民奋起反抗，在这片土地上先后发生过"马嘉理事件"、中法战争、"片马事件""班洪事件"等。1874年，英国派出探路队探查缅甸到云南的铁路路线；1875年初，探路队擅闯云南，在今天的腾冲地区与当地人民发生冲突，作为翻译的马嘉理和数名随行人员被打死。英国乘机给中国施加外交压力，签订了《烟台条约》，我国进一步被迫开放了通商口岸。1883年8月，法国取得了对越南的"保护权"，为进一步实现对越南的殖民统治，打开中国西南大门，于12月初对红河三角洲地区发动攻击，中越联军被迫应战，中法战争正式爆发。最后，由于清朝政府腐败妥协，承认越南为法国的殖民地，中国西南门户被打开。1900年1月，英军进犯位于滇西北边境的片马地区，受到当地傈僳族、景颇族、彝族、白族、汉族等民族人民的顽强抵抗；1911年初，英帝国主义再次入侵片马，私立界桩，强收户税，实行殖民统治，此后片马地区被长期霸占。1922年，英军威胁江心坡，侵占中缅北段未定界的大片地区；1926年，英帝国主义占领江心坡，同时对中缅南段未定界的阿佤山地

区加紧资源掠夺和领土侵占,并派人前往中缅边境煽动当地人投归缅甸。1940年,暹罗改国号为泰国,日本企图利用大泰族主义分裂我国西南领土。1941年,太平洋战争爆发,日本帝国主义占领越南、泰国、缅甸,企图切断中国抗战的生命线滇缅公路。中国西南边疆的安危,关乎抗战之胜负,国家之存亡。

二、边疆开发之基:抗战时期云南工商等事业之发展

经过中央王朝和地方政权千百年的开发经营,云南边疆地区的社会得到了一定的发展。但由于地理位置偏远,地形地貌复杂,直到近代,云南边疆地区与中原地区相比,发展仍然滞后。清末民初,云南屡屡遭到帝国主义觊觎和侵犯,军阀统治加剧了地方混乱,边境地区仍保留着土司制度,导致当时的云南社会政治生态复杂,政府政令难以通达,社会发展遭到阻碍和破坏,人民生活于困苦之中。抗战期间,云南省地方政府和各族人民为巩固大后方基地,支援正面战场,大力建设和发展工商业、农业、金融业和教育文化事业,在各方面取得了一定的成效,为边疆地区开发事业奠定了基础。

(一)工商业

抗战时期,云南处于相对安全的生产环境,适于企业发展,沿海工商业企业纷纷内迁云南,为云南近代工商业发展带来了契机。云南省政府当局配合国民政府,根据当地的发展情况和需求,在安置沿海企业的同时,顺势发展云南工业。比如这段时间迁入昆明的中央机器厂、中央电工器材厂、第二十二兵工厂、空军第一飞机制造厂、中国电力制钢厂等。此外,还有大批民营的军工企业和轻工企业也在抗日救国的呼声中,纷纷迁往西南地区。这些企业给云南带来了较先进的技术和设备,培养了技术人才和管理人才,支援了抗战,并促进了云南近代民族工商业的发展。

(二)农 业

抗战前,云南的粮食不能自给,需要从越南、暹罗、缅甸等国进口大米。抗战爆发后,尤其是在1941年后,东南亚各国相继沦陷,粮食进口受阻。又逢国内军民内迁,粮食不足的问题变得更加严峻。对此,云南省政

府制定了农业发展的办法,通过开荒、推广农业种植技术、建设农田水利设施、加大农业科学研究人员和经费的投入等具体措施,增加粮食产量,进一步巩固了大后方的粮食基础。当时的云南农业虽受到传统的种植技术和山多田少的自然地理条件的限制,产出受限,但也给数十万抗日军队和上百万新增人口提供了粮食保障。

(三) 金融业

近代云南由于连年兵燹,经济萧条,通货膨胀严重。龙云掌权后,对云南的金融进行整顿,到抗战前夕,云南形成了以财政厅厅长陆崇仁及富滇银行行长缪云台为首脑的两大财政金融系统,掌握着云南的经济命脉。云南省财政厅和富滇银行通过多项财政政策整顿金融业,增加了财政收入,金融业的发展也趋于相对稳定,为地方经济的发展创造了条件。

1934年12月,云南省政府在富滇银行内正式成立云南省经济委员会,通过省政府赋予的权力以及给予的资金支持,开发经济,创办企业,着力发展云南经济,建设云南。全面抗战爆发后,国家银行、企事业单位迁入云南,云南经济委员会得到更多的投资和借款,云南经济得到迅速发展。同时,国民政府这边,蒋介石以"抗战建国"的名义,将国家银行迁入云南,进行投资,通过资源委员会对迁入云南的企业进行投资开发。云南地方政府也从抗战全局和云南开发的发展角度出发,与国民政府的资源委员会合作。1939年后,国民政府的法币逐渐代替滇币,昆明中央银行逐渐取代了富滇新银行在云南的金融领导权。抗战期间,国民政府逐渐对云南的金融业产生影响,进而加强了控制。

(四) 教育文化事业

南京国民政府在1931年颁布《教育部订定边疆教育实施原则》,1935年颁布《推行蒙藏回苗教育计划》,1939年通过了《推进边疆教育方案》,1940年颁布《教育部边远区域教育督导员暂行办法》《边远区域劝学暂行办法》,1941年颁布《边地青年教育及人事行政实施纲要》,从制度上保障边疆教育的发展。抗战时期,云南的边地学校教育在政府统筹规划和积极推动下取得较大发展。云南省教育厅在1939年4月颁布施行《云南省立边地土民小学学生待遇细则》,细则规定免去边地土民小学学生的学费、

生活费和各项学杂费，并免费提供书本、文具、医药。抗战时期，大批文化艺术单位和文化名人荟萃云南，云南的教育事业在特殊的时代背景下获得前所未有的发展契机，在昆明和云南边地兴办了大批学校。

三、大后方和前沿：抗战时期云南的战略地位

抗战期间，随着国内国际战争形势的变化，云南凸显出其重要的战略地位。此时，国内在日寇的步步紧逼之下，大片领土沦陷，沿海交通口岸均被日军控制。国民政府迁都重庆，大量沿海和内地的学校、行政机关、工厂企业以及人口随之西迁，西南成为中国抗战的大后方，云南也成为抗战的一个重要根据地。二战爆发，苏联参战，西北的国际援华路线被阻断，于是云南成为对外联络的重要通道。初期，民国政府和云南地方将重心放在抗战上，修建滇缅公路、铁路以保障抗战物资的运输和供给，极大地完善和促进了云南交通运输的发展，大量的人力、物力也随着抗战局势，被迫流向边地，客观上为云南的边疆开发带来了机遇。作为国际援华交通中枢和经济重心倾斜地区，云南的经济在短期内获得迅速发展，甚至出现"商业之繁荣有代替往日'上海'之趋势"①。

抗战以来，云南汇聚自沿海迁移而来的人力、物力，从各方面支援国内的抗日战场。远征军出征，中国成为世界反法西斯战争东方战场的重要成员和力量。在中国全面抗战中，中国通过滇越铁路、滇缅公路、驼峰航线、中印公路这4条国际生命线，与反法西斯同盟国联系，获得国际援助物资。云南作为国际补给生命线中中国的一端，是支持正面战场、补给抗战物资的基地，是中国西南大后方的屏障。

1938年10月，随着武汉会战结束，中日战争进入战略相持阶段，日本转变对外扩张战略，由北进改为南进，将重点逐步由大陆政策向海洋政策转变。日本企图通过占领英属缅甸、法属印度支那等地，切断美、英等国援华的国际通道，从而威胁中国西南大后方，给抗日正面战场施加压力，以减少相持阶段日本的消耗。1941年，日军纠集重兵对中国东南沿海

---

① 《中国银行昆明支行1943年度业务报告》，载云南省档案局（馆）编《抗战时期的云南——档案史料汇编（下）》，重庆出版社2015年版，第825页。

地区发起海上封锁战，先后切断了香港到韶关的运输线，破坏沿海港埠，封锁宁波到温州的通道。至此，确保滇缅公路的畅通，是抗战取得最后胜利的关键。1941年末，太平洋战争爆发，日军在短时间内席卷东南亚。1942年初，日军开始入侵缅甸，不久后占领缅甸首都仰光，进攻重镇曼德勒，企图切断滇缅公路。根据中英双方签订的《中英共同防御滇缅路协定》，中国派出远征军进入缅甸，配合英军作战。由于中国、英国、美国各方作战目标不统一，指挥各自为政，导致中国远征军首次入缅作战失败。5月，日军沿着滇缅公路入侵滇西，今天的德宏、龙陵、腾冲等地相继沦陷，并攻打到惠通桥，企图攻占怒江以东地区，入侵大理、保山，最终占领昆明。中国军队和云南人民经过浴血奋战，将敌军阻于怒江西岸。1943年初，日军势力向滇西北延伸到怒江泸水，向滇西南进犯孟定、耿马、镇康各地，侵占了我国云南西部大片领土。西南边防面临非常危急的时刻，云南成为抗战前沿。

四、机遇和挑战：抗战时期西南边疆调查

明清时期，程朱理学经过几百年发展，在中国学术思想界已经占据了统治地位。明末清初，顾炎武、王夫之、黄宗羲等人认为理学崇尚"空谈"，是明朝灭亡的重要原因之一，从而大力提倡经世致用的思想。到晚清，以龚自珍为代表的经世派研究边疆舆地，呼吁改革。鸦片战争之后，随着一系列不平等条约的签订，西北、东北、西南地区相继出现严重的边疆危机，中西文化激烈碰撞，以魏源、姚莹、徐继畲、张穆、何秋涛、夏燮、梁廷枏等为代表的近代学者关注世界历史地理、边防治理、边疆舆地之学，他们用经世致用的思想，研究现实问题，做实事，求实功，以图强御辱。

到了近代，西方帝国主义以炮火侵占我国西南边境领土，随之而来的还有所谓的软化政策，西方殖民者通过传教士、探险家、商人等在边境地区的活动，调查我国边疆风土人情，测绘地图，并不断煽动当地边民归化。

抗战期间，面对严重的边疆民族危机，社会各界有识之士呼吁政府重视边疆建设，有效处理边疆界务。国民政府为了巩固西南边防，也多次组

织少数民族调查工作,搜集材料,以备边疆工作之需。同时,在北方和沿海地区沦陷后,许多大专院校和科研单位先后迁到昆明,云南由此汇聚了一批怀抱学术研究热忱和救国、建国理想抱负的学者,他们有着历史学、民族学、社会学、语言学等各学科背景,将自身的研究志趣和国家开发治理的需要联系起来,投入到民族调查工作和边政建设工作中,为云南教育文化事业的发展和边疆开发工作做出了贡献。

西迁至滇的科教机构中影响最大的当属西南联合大学。1938年4月,北京大学、清华大学、南开大学三所著名高校迁入云南,在昆明合办国立西南联合大学,与当时云南省最高学府云南大学比邻,昆明一时间人才荟萃,大师云集。西南联大和云南大学的师生都重视边疆民族调查,在社会学、历史学、语言学方面都进行了调查研究工作。

社会学方面。1934年,中央研究院历史语言研究所与云南省政府合作,调查云南省民族情况,陶云逵与凌纯声、芮逸夫等深入滇西、滇南,对大理、保山、腾冲、耿马、班洪、蒙自等地的少数民族进行了调查。1939年1月,云南大学校长熊庆来发起在云南大学成立云南民族学研究会,有吴文藻、潘光旦、江应樑等学者参加,该机构提倡开展实地调查和研究。1939年11月,陶云逵受聘于西南联大历史社会学系,开设了"西南边疆社会""体制人类学"课程。1942年6月,边疆人文研究室成立,陶云逵任主任。该研究室通过实地调查,以促进边疆教育。调查范围涉及边疆地理、人口、环境、风土人情、文化概况、族群间关系等。1941年7月,曾昭抡率领学生组成"川康科学考察团",自筹经费,去大凉山考察,对大凉山彝族的人文地理、地质矿产等方面进行调查,之后编成《大凉山夷区考察记》。1939年,由吴文藻先生牵头,云南大学与燕京大学在云南大学合办"社会学实地调查工作站"。1940年,由于昆明遭到日军轰炸,工作站迁到呈贡的魁星阁,故名"魁阁工作站"。魁阁工作站云集吴文藻、费孝通、张之毅、许烺光、田汝康、胡庆钧等一大批中青年社会学家和人类学家,他们在战时艰苦的环境下,调查云南的农业、基层社区、少数民族历史现状和风俗、城乡经济等,著成《禄村农田》《易村手工业》《玉村的农业与手工业》《昆厂劳工》《个旧矿场》《内地女工》《芒市边民的摆》《滇缅边境傣(泰)族宗教仪式研究》《祖荫下:中国乡村的亲属·

人格与社会流动》《传统的乡村行政制度》等一批经典的人类学论著。

历史学方面。1942年7月，在方国瑜的主持下，云南大学成立了西南文化研究室，搜集整理文字资料，考察边疆及云南周边国家，编辑出版《西南边疆》杂志，出版"国立云南大学西南文化研究丛书"11种。

语言学方面。罗常培从1942年1月开始，先后到大理、兰坪、宾川、邓川、洱源、鹤庆、剑川、云龙、泸水等地，对傈僳、麽些、怒子、那马、民家等滇西边疆少数民族语言进行了调查。此外，袁家骅调查峨山窝尼语、路南阿细语、剑川民家语，写成《阿细情歌及其语言》《峨山窝尼语初探》。

值得一提的是，社会学、历史学、语言学的调查研究并非是各自为政的，而是互相促进、齐头并进的，所以这时期的学者通常擅于采用跨学科的研究方法进行学术研究。西南边疆地区山高谷深、民族众多，恰逢抗战时期，学者去边疆地区进行实地调查研究，不仅面临交通不便、语言不通、生活条件艰苦等困难，还冒着极大的生命危险。但还是有无数学者甘愿冒这一份艰辛和代价前往，因为他们有强烈的爱国主义情怀。正如费孝通在《云南三村》中所说：

> 我当时觉得中国在抗战胜利之后还有一个更严重的问题需要解决，那就是我们将建设成怎样一个国家。在抗战的战场上，我能出的力不多，但是为了解决那个更严重的问题，我有责任用我所学到的知识，多做一些准备工作，那就是科学地认识中国[①]。

这代表了这个时期许多从事边疆调查研究工作的学者的心声，其终极目的是为国家战略服务，为抗战建国贡献力量。

五、"后方建设之重要，不亚于前方之战事"：云南省政府对边疆开发的重视

抗战进入相持阶段后，云南的开发建设工作又提上日程。1939年，龙

[①] 刘兴育主编：《云南大学民族学人类学史略（1938—1949）》，云南大学出版社2009年版，第118页。

云在《云南省政府公报》上发表《长期抗战与开发云南之联系性》,指出:

> 目前战争已进入第二期,第二期战争之主要策略,在继承以往之消耗战略,尽量消耗敌人之实力,且储备充实抗战之力量,俟机予敌以最后之打击,而收最后之胜利。故此期中后方建设之重要,不亚于前方之战事,自海口被敌封锁,国际运输,货物出纳,胥惟滇越滇缅开之交通是赖,不啻为我国之惟一国际交通孔道,故亦极适合于抗战期间之经济建设,而长期抗战之支持,最后胜利之获取,亦正有待于云南富源之开发,与交通之进展,近年来中央对于西南各省之经济建设,正从事大规模办理,云南方面已由理论与计划渐进入实现时期,吾人目睹,当亦抗战之需要,对于此种工作,正抱有无限希望而乐其早著成效也①。

1941年10月,李根源向蒋介石上书,强调云南地理位置的重要战略地位,认为云南是中国西南的门户,与其接壤的越南和缅甸已沦为英法殖民地,政府应该重视边疆建设,加强边地民众的文化教育,开发云南资源,加强经济发展,从而防止边地民众人心向外。李根源建议在云南成立西南边疆文化研究机关。1942年7月,在方国瑜主持下,云南大学成立了西南文化研究室。

第二节 云南省边疆行政设计委员会之成立

1943年9月,云南省民政厅考虑到云南边疆如果不加以开发,轻则影响本省政治、经济、文化的进一步发展,重则妨碍国家民族的团结统一,于是呈请云南省政府设立边疆行政设计委员会,并很快获准。云南省边疆行政设计委员会隶属于云南省民政厅,主要目标是网罗专门人才,培养边疆工作干部,制订开边方案,以开发建设边疆,巩固国防。

---

① 龙云:《长期抗战与开发云南之联系性》,《云南省政府公报》1939年第11卷第22期。

一、云南省边疆行政设计委员会的成立与人员构成

抗战中后期，云南从抗战大后方变成抗战前线，同时全国形势发生了变化。1943 年 9 月，云南省民政厅向国民政府内政部报请设立"边疆行政设计会员会"，以促进边疆开发，与内地协同发展，同时巩固国防。9 月 16 日，云南省边疆行政设计委员会正式成立。委员会成员主要是专家学者，以及有边地工作经验的人员，拟通过边疆调查研究，根据边疆实际情况，设计拟订边疆开发的具体方案，给边疆行政工作提供参考。同时在这个过程中，培养边疆工作干部，以备时机许可，作为进入边疆地区实地参与开发建设工作的人才。

云南省边疆行政设计委员会设专任委员 5 人，兼任委员 2~4 人，顾问和干事若干。专任委员由民政厅厅长委派，负责办理该机构的所有会务。民政厅厅长又在专任委员中指派一人为主任委员，秉承厅长命令总理该机构一切会务。兼任委员由民政厅厅长指派民政厅内的有关科长、处长来充任，共同办理该机构会务。此外，由该机构遴选出对云南边疆有专门研究的若干名专家作为顾问，报请民政厅厅长批准后聘任，以备向其咨询边务，必要时一起出席委员会议。干事也是先由该机构遴选若干熟悉边情、有志于边疆工作的人选，再报请民政厅厅长批准后聘任，干事秉承主任委员的命令，主要负责搜集、调查、研究、通讯等事务。

云南省民政厅在筹建边疆行政设计委员会时，厅长陆崇仁就在寻找合适的人选来主持云南省边疆行政设计委员会的工作，这个人要了解云南边地的具体情况，同时要有实践和理论结合的才能。这时，云南实业界的名流刘幼堂向陆崇仁推荐江应樑，表示江应樑具有实际才干，又踏实勤奋。江应樑本人此时也有志于为边疆开发献言献策，为抗战建国做出力所能及的贡献。最终江应樑出任边疆行政设计委员会主任。江先生担任该机构主任期间，组织并参与对边区的调查，编写边区开发方案，开创《正义报·边疆周刊》。1945 年 7 月，江应樑离开该机构前往西双版纳，任车里县长，以实践边疆方案成效，并对傣族做了进一步的调查研究。之后，主任委员一职便由厅长兼任，另外设了一名常务委员负责委员会的实际事务，1945 年 7 月到 10 月期间由林毓堂暂兼常务委员，1945 年 10 月以后长期由杨履中任常务委员。

云南省政厅边疆行政设计委员会组织规程

第一条　本会定名为"云南省民政厅边疆行政设计委员会"，隶属于云南省民政厅。

第二条　本会设委员五人至八人，由厅长委派充任之，必要时厅长得派充任之，东欧简所以厅长充任之，共同办理本会会务。

第三条　本会设委员五人至八人，由厅长委派充任之，必要

第四条　本会设委员六人至八人，由厅长请派本厅简所以厅长充任之，共同办理本会会务。

第五条　本会设主任委员一人，由厅长命令候理本会以会务。

第六条　本会设顾问若干人，由会遴选对本省边疆有特殊研究之专家硬擦，厅长聘任之，俱供本会咨询，并须必要时应出席本会委员会议。

云南民政厅边疆行政设计委员会组织规程

云南省边疆行政设计委员会选择工作人员的要求标准，强调要能吃苦耐劳，因为入职后需要到边地工作。工作人员受聘任职后，要立志愿书，承诺任职后遵守法令章则，尽忠职守，绝不营私舞弊、收受贿赂、泄露关防情况；服务期未满一年，绝不辞职；绝不沾染"烟""赌""娼"。如果受聘的工作人员违背志愿书所承诺的内容，则予以处分。比如初期所聘用的委员李其诚，服务期未满一年就打算另就他职而提出留职停薪的请求，对此，云南省边疆行政设计委员会对其进行了记过处分。除此之外，入职边疆行政设计委员会的委员还需要有保证人，对保证人有资格要求和保证责任："保证人应为现任荐任以上人员或正当殷实商号经理人，须盖私人名章，经理人须加盖商号正式图记；被保人在厅内职务如有调动，保证责任并无变动；保证书具呈及成立后，本厅派员随时向保证人查验，查验时保证人应在查验书表内加盖与保证书相同之图章以资证明；保证人声请退保须以书面为之登报，以其他方式声明者，概作无效；保证人声请退保须经本厅正式书面认可并将原保证书退还后方能解除责任，若被保人因故离职，须在离职六个月后始能将保证书退还保证人，并解除其保证责任"①。

在薪资方面，云南省边疆行政设计委员会的成员中，只有具体的办事人员，即专任委员和干事的薪资是在该机构领取的，兼任委员的薪资由各自的原工作单位发放。学术顾问没有具体职位，必要时酌情发放交通补贴。特约干事也没有职位，酌情予以发放纸张、文具、邮电费等津贴。

云南省边疆行政设计委员会是一个具有鲜明学术色彩的行政机关，这主要跟该机构主任委员的学术背景有关。该机构的主任委员江应樑，也是该机构的实际负责人。江先生是研究西南民族的专家学者，多次进入边地进行调查，收集了丰富的西南边疆民族地区的资料，调查经验丰富。江先生通过自己学术圈子的人脉，聘请西南边疆研究学者作为该机构的顾问，云南大学教授方国瑜、徐嘉瑞、刘尧民等就曾作为该委员会的顾问。由于云南省边疆行政设计委员会的工作带有学术研究气氛，以及委员会成员的学者身份，该机构在当时被称为"衙门里面的学术机关"。

---

① 《厅秘书朱庆怀担保吴锦鉴任厅边疆行政设计委员会委员的保证书》（云南省民政厅1944年3月7日），云南省档案馆藏，档案号：1011-001-00111-046。

二、云南省边疆行政设计委员会的边政方针、工作原则和工作计划

云南省边疆行政设计委员会成立之后,确定了该机构的边政方针,包含三个部分:(1)边地内地化;(2)边胞一律平等;(3)取消一切不合时代之制度①。制定了开发边疆的四个工作原则:(1)边官应以廉洁换取边民信仰,以诚信建立官府威望,以实干苦干精神改换边民面目;(2)边疆开发之先决问题为医药卫生及交通建设;(3)教育为开发边疆之百年大计;(4)藉生产开发以繁荣边陲,福利边民②。制订了边疆工作计划:(1)调查边区情况,包括住民、生活、经济、物产、山川、地理、国防界限、行政组织等,并根据调查所得,拟订云南边疆地区行政革新的具体方案;(2)搜集边疆地区历来的档案资料及各类物品,以满足研究的需要,搜集范围包括各边疆地区的行政档案、有关边地的著作、边区的物产、动植物标本、民俗物品等,等所搜罗的资料及物品积累到一定数量时,于会内成立边疆资料室;(3)建立覆盖各边区县局的通讯网,调查边地动态,并使边区动态能够及时迅速传达;(4)与地方干部训练团取得联络,对召集到省城受训的各县局行政人员,给他们讲授边疆课程,使他们能正确地认识边区,并随时调询来省的边区专员,让他们报告边地实况;(5)拟具边疆县区具体施政计划,逐步划出边疆地区施行新政③。

云南省边疆行政设计委员会所制定的边区行政方针、工作原则和工作计划,是江应樑鉴于之前边疆工作中的弊病,结合多年来经过实地调查所了解的边民情况而制定的,体现出他求真务实的处事风格,以及心怀百姓福祉,为民办实事、求发展,为国巩固边防的政治抱负。其中工作计划里所列出的调查边区情况、搜集边疆地区的档案资料及各类物品这两条,也是江应樑多年来在学术田野调查中所实际进行的一项工作。对此,江先生有着非常丰富的经验,并根据生活、经济、物产、山川、地理、国防界

---

① 江应樑:《边政研究工作在云南》,《文史杂志》1945年第5卷第9、10期。
② 《车里县政府一年施政计划》,载云南省档案馆编《民国时期西南边疆档案资料汇编·云南卷》第四卷,社会科学文献出版社2013年版,第422页。
③ 《云南民政厅边疆行政设计委员会组织规程》,载云南省档案馆编《民国时期西南边疆档案资料汇编·云南卷》第六十一卷,社会科学文献出版社2013年版,第121-122页。

限、行政组织等所拟订的边疆开发方案，是具有针对性和可行性的。

第三节　云南省边疆行政设计委员会的工作内容

云南省边疆行政设计委员会成立后，根据成立的目的制订计划，开始展开工作。工作内容主要包括四个部分：边疆调查、边疆研究、边疆开发设计、边疆行政。需要指出的是，这四个部分的工作并非分别进行的，而是有交叉进行的部分。

一、边疆调查

中央王朝统治时期，云南长期以来是羁縻统治之地，中央王朝通过当地土酋进行管理，因地理阻隔和文化差异，对边民缺乏系统、深入的了解。近代以来边疆危机严重，抗日战争爆发后，云南成为抗战大后方和抗战前沿，政府急需掌握边疆的实际情况，有针对性地设计出边疆开发方案，开发建设边疆，为抗战服务，所以边疆行政设计委员会工作计划中的第一条就是进行边疆调查研究工作，这也是接下来其他工作的基础。

云南省边疆行政设计委员会的边疆调查主要通过以下三种方式进行：（1）通讯区干事调查。将全省划分为六个区，在各区设置边地通讯区，聘请熟悉当地情况的人为特约通讯干事，随时将该地区的经济、文化、地理、社会、政治等情况报告给边疆行政设计委员会。先后聘请了丽江区的通讯干事木煮轩、思普边区的通讯干事李拂一、腾龙边区的通讯干事杨友柏、双缅澜沧区的通讯干事彭桂萼、中维德区的通讯干事张征东、卡瓦山区的通讯干事张子炜等。（2）委托民政厅派出的政务督导员调查。云南省边疆行政设计委员会拟具调查事项表，委托政务督导员进行调查后填报。（3）制定调查表格下发给各县调查。云南省边疆行政设计委员会于1944年4月制定了"边区开发方案要目"，分发给边区各县临时参议会调查后填报。

此外，该委员会还执行国民政府交代的调查工作，包括转发国民政府军事委员会边地居民状况调查表命令各地查报，到1944年底以前报来民政厅的有武定、马关、云县、石屏、金平、龙武、邱北、麻栗坡、元江、文

山、镇雄、永胜、威信、新平、碧江、宁蒗、彝良、德钦、宁洱、西畴、车里、双江、泸水、福贡、富宁、丽江、六顺、南峤、维西、河口、缅宁、陆良、岘山、镇越、巧家、路南、佛海、中甸等 38 地；转发军事委员会边区人物调查表分发有关各方代为填写，到 1944 年 6 月共收到各方的调查表 24 张。

二、边疆研究

云南省边疆行政设计委员会开展了以下边疆研究工作：

（1）翻译孙中山先生遗作。为有效地进行文化交流，提升行政效率，云南省边疆行政设计委员会将孙中山遗作译成边地民族文字，译文翻译出来后，发到相关专员进行审校。到 1944 年，孙中山遗作被翻译成了爨文、苗文、僰文、麽些文四种。

（2）编写边地民众读本，且将读本译成边地文字。

（3）将内地的各类文献编写翻译后传播到边地。1944 年 12 月，云南省边疆行政设计委员会颁布实施了《委托翻译边民读本及夷文文件办法》，促进了该项工作。

（4）编印边疆行政丛书。云南省边疆行政设计委员会先后出版边政丛书五种，以促进边疆建设。

（5）编制云南全省边民分布表。

（6）举办边疆问题系统讲演。聘请专家举行关于边疆问题的系统讲演，以使国人认识边疆，激发国人了解边疆的兴趣。

（7）编辑《编辑周刊》，借《正义报》刊出。

（8）研究云南边民生活和分布的历史。云南省边疆行政设计委员会认为，云南边疆各族边民既有本省土著，也有从外省迁入的，他们的生活习惯从古至今多有变化，所以有必要对云南省边民生活及分布的历史进行研究。根据对边民的调查、研究，写出了《云南全省边民分布册》《云南边民种属分布》。

（9）征集边疆文物。云南省边疆行政设计委员会计划在搜集到的文物基础上建立一个边疆文物馆。根据边疆行政设计委员会制定的《云南省边疆行政设计委员会征集边疆文物办法》，其拟搜集的边疆文物包含以下方面：一是图书。包括地方志，关于边地的专门著述或零星记载，研究边地的刊物和报纸，关于边地风土或人文的画册、照片、地图、人文物产图表。二是边地文字。包括僰文佛经（贝叶经及纸写缎面经卷）、东巴经（麽些文经典）、爨文经典（夷文经、罗罗经、西波经）、苗文《圣经》等少数民族文字经典，用罗马字母拼音标注的傈僳、山头、崩龙、窝泥、倮黑等文经典，教会出版的各种夷文字典及印刷品，僰文书写的土司世系历史、文告、故事、歌谣、信函等，僰文翻译的故事、小说、戏曲等。三是边民衣饰。包括形式制作不同于汉人的衣袴、鞋靴、桶裙或褶裙、帽或包头布、羊毛披毡、腰带、背心、披肩及其他饰物。四是边民用具及工艺品。包括打猎工具、农业生产用具（不同于汉地的）、食具（不同于汉地的）、乐器、工艺品及其他边民自制或不同于汉地的用具。五是边民宗教用品。包括佛像神像及图腾代表、宗教绘画、献神装饰品以及其他特殊的宗教品。六是边地物产标本。包括矿产标本、植物标本及种子样品、药材样品、动物皮毛样品及其他特殊物产样品。七是边地古物、金石及拓片。包括有关地方文化历史的古物，古碑，蒙文、梵文佛像及各种碑幢、碑文拓片。

（10）剪存报纸资料。将报纸中关于政治、国防、教育、历史、地理等方面边疆开发的资料分类剪存，以备参考。

（11）编制表格。在对边区进行调查时，云南省边疆行政设计委员会曾制定了各种表格，包括关于土司状况及边疆地区外国人传教状况的调查表、昆明至边区县途程表等，以协助边区行政，并为随之进行的边区建设服务。

（12）研究本省边民概况。研究从两方面进行：一是边民志要，二是边民分志。

三、边疆开发设计

云南省边疆行政设计委员会将当时云南省边疆地区划分为五大边区，在边疆调查、广泛听取意见的基础上，云南省边疆行政设计委员会给各边区编写了开发方案：《大小凉山开发方案》《腾龙边区开发方案》《思普沿边开发方案》《中维德边区开发方案》《滇康边区盘夷实况及治理方案》。

云南省边疆行政设计委员会编印了《边疆行政人员手册》《大小凉山开发方案》《腾龙边区开发方案》《思普沿边开发方案》《云南全省边民分布册》，合编为云南省民政厅边政丛刊。云南省民政厅这五种边政丛刊，除《云南全省边民分布册》署名杨履中外，其余皆署名江应樑。此外，云南省边疆行政设计委员会还计划出《沧澜双耿区开发方案》。

云南省边疆行政设计委员会制订的开发方案，反映出江应樑对边疆开发及治理有深入的认识和思考，体现了江应樑作为一名边疆研究学者的严谨态度，各方案从实际调查结果出发，分别针对各自区域实际存在的问题，提出了专门性的解决之策。同时，方案还体现出江应樑作为一位爱国学者，希望国家统一、民族团结以及国防安全的政治理想。比如提出废除当地豪强、土司特权以维护国家行政统一，平等对待边胞、遵循民族平等原则，经济发展要合作互惠、不损害边民利益，警惕中越边界的"泛泰族主义"等。

另外，江应樑在方案中强调了教育文化、政治建设、经济发展之间统筹并进、相互扶持的关系，认为教育文化是基本大业，政治建设是原动力，经济事业是推进上述两项事业的燃料；重视民生问题，指出一切设施应以改进民生及发展地方生产为原则，任何事业的建设，不应增加人民的负担，不可妨碍人民正常生活，不准与边地民情风俗相抵触；提出审慎选择边官，边官要具备丰富学识、有廉洁操守、热爱边疆工作、深入了解边疆实况、通晓或学习当地语言，在工作中本着"廉""信""实"三大信条，并提出保障边官的生活养廉费，予以久任，不轻易撤换；筹集开发经费，除了中央、云南省政府拨款外，还鼓励自由投资。

边疆开发方案限于时代背景，很多方面没有得到实践，而且各方案尚缺乏一个全局视角，正如谷彦梅所指出："云南省边疆行政设计委员会所拟之边疆开发方案，最大的特色就是在深入了解云南各边区的实际情况后，根据各边区的不同情况，分区拟定，堪称民国时期云南边疆开发方案中最翔实的。但是分区拟定开发方案虽然可以较好地顾及各边区之特点，却也容易导致缺乏全局视角"①。

四、边疆行政

云南省边疆行政设计委员会在边疆调查研究和开发设计工作之外，还在边疆行政工作方面推行了以下措施：分发《边疆行政人员手册》；登记边疆行政干部人员；保障边民权益；宣慰边民；彻查边地不法事件；审核各方提交的边疆行政计划；协助云南省各项边疆工作等。

（一）分发《边疆行政人员手册》给边疆行政人员

《边疆行政人员手册》为云南省民政厅推出的五种边政丛刊之一，由云南省边疆行政设计委员会于1944年4月编印，分为上、下两编，署名江应樑。边疆行政设计委员会编印手册后分发给各县局，作为边疆行政人员开展边疆行政工作的指导性文件。民政厅厅长陆崇仁在《告边疆行政人员》中指出："惟本省边区辽阔，政治上亟待改进之点甚多，而行政人员可因时因地而倡导举办之事亦复不少；因指示该机构，本诸政府开发边疆、开化边民之主旨，拟具《边疆行政人员手册》，印发各县局，俾能依据职权，利用环境，作开发开化之实际工作。"同时也强调："惟边区辽阔，情形特殊，该手册所举，仅为一般通则，凡我地方行政人员，贵能触类旁通，利用实地环境，作有利开发之建设。"② 手册上编介绍云南的边疆区域，包括什么是边疆、云南边地土民、边地的土司政治三个方面。下编介绍革新边境行政的基本要点，包括建立政府威信、开化边民智能、发展边疆经济和加强国防建设四个方面。

（二）登记边疆行政干部人员

为了保证边疆行政工作顺利推行，有健全的干部人员储备，云南省边疆行政设计委员会成立之初就将储备边疆工作人才作为重要工作内容，因此，经常进行边疆工作人员登记。凡是志愿加入边疆工作者，边疆行政设

---

① 谷彦梅：《"衙门里的学术机关"——云南省边疆行政设计委员会及其边政工作研究》，博士学位论文，云南大学，2016年，第41页。
② 陆崇仁：《告边疆行政人员》，载林文勋主编《民国时期云南边疆开发方案汇编》，云南人民出版社2013年版，第5—6页。

计委员会便进行登记，并随时与之联系，以备需要时征集调用。1944年这一年就有52人进行了登记。除登记边疆行政干部人员外，云南省边疆行政设计委员会还积极储备、训练边疆干部人员。

（三）保障边民权益

1944年2月，云南省边疆行政设计委员会通令各属地方，认真保护边民，内地官商一概不得欺压边民。

1939年3月，国民政府教育部召开第三次全国教育会议，会上提出"关于危害民族团结之名词应禁止滥用案"，认为："在此次各案中间，常发现妨碍大中华民族团结之不妥语句，与目前社会上流行之错误观念，若出一辙，对于抗战建国前途，影响至为危险。拟请由大会决定转请中央通令以后对于苗夷蛮猺猓以及少数民族等名词，均禁止滥用"[①]。随后教育部向国民政府提交呈文称，对边疆同胞使用的含有侮辱性质的蛮、番、夷、猺、猓、獞等称谓，与孙中山倡导的民族平等精神相违背，因此，转呈第三次全国教育会议大会决议，请中央通令全国，禁止滥用这些名称。国民政府完全采纳了教育部的呈文建议，于1939年8月21日，将呈文通令全国，要求各地遵照办理。8月30日，行政院通令全国所属机关，为历史及科学研究便利起见，将对少数民族含有侮辱性的名词，一律予以改正；而在面向大众的普通文告、著作品及宣传品等中，对于边疆同胞，则照对内地人的区分方式，概以其生长所在地人称呼之[②]。之后，国民政府多次发出训令，对于边疆同胞的称谓不得沿用含有侮辱性质的旧称，以期消除民族界限，加强民族团结。根据政府指示，1944年5月云南省边疆行政设计委员会通令各县（局）边民名称不得用"犭""豸"等偏旁，不得以"蛮""貊"称呼边民。

（四）宣慰边民

为了对云南边地土司进行抗战动员，1941年9月蒋介石令云南省政府

[①] 《第三次全国教育会议决议案提要（续完）》，《教育通讯》1939年第二卷第四十四、四十五期。

[②] 《训令所属机关（文28字第一九四三九号）转饬知照府令查禁含有侮辱性质之蛮番夷猺猓獞》，《外交部公报》1939年10月第十二卷第七号至第九号合刊。

组建边疆宣慰团，去云南边地进行宣慰工作，宣慰团称"国民政府军事委员会委员长昆明行营边疆宣慰团"，以高玉柱①为团长，喻杰才②为副团长。1942年7月，宣慰团从昆明出发，先到滇越边境的开远、蒙自、个旧等地宣慰。1943年春又前往普洱等沿滇缅边境一带进行调查、宣慰、联络及组训等工作，直至1944年才结束。

1944年5月31日，云南省边疆行政设计委员会主办的《正义报·边疆周刊》刊出了署名"远东"的评论文章《关于边疆宣慰团》③，一定程度上反映了云南省边疆行政设计委员会对边疆宣慰团的宣慰工作的看法。文章阐述了何为"宣慰"，肯定了该团的意义和使命，指出该团在人事和经费方面的欠缺和困难，并认为该团宣慰对象应该是千百万的边民而非土司边官，建议使用夷文夷语开展宣传。关于何为"宣慰"？该文指出：

> 从宣慰二字顾名思义，我们就可以知道边疆宣慰团之意义及其重大使命之所在。宣是宣传，因为边地布满着大部分的夷民，过去一向未受汉化教育，他们根本不知道国家为何物，抗战为何事，更不知中国现在是皇帝呢，还是主席，别的更不用说了……从慰字上说，不管这慰字是抚慰，安慰，或慰劳边民，总是需要慰。过去甚至直到今日，边民们一直在土司劣官的压迫下，过着世代的奴役生活，他们□牲□生，出钱出力，辛辛苦苦地开辟了那些荒野，而到□来□只是造成了土司劣官们的最高享受，他们自己，生活于奴役之下，这样的中华民族人民之一部，不需要抚慰，安慰，或慰劳吗？固然，政府并不是要送什么实物给那么多

---

① 高玉柱（1906—1942），原名高擎宇，北胜州（今云南永胜）土司高长钦的次女，1942年被国民政府任命为"国民政府军事委员会委员长昆明行营边疆宣慰团"团长，向边地土司和少数民族头人宣传民族团结，守卫边疆，一致抗战。在宣慰途中染病去世。

② 喻杰才（1903—1946），云南丽江人，纳西族。1924年12月毕业于云南陆军讲武堂第十七期炮兵科，1927年起任国民革命军第三十八军司令部炮兵营排长、连长、营长等职。抗战爆发后任昆明警备司令部参谋。1942年被国民政府任命为"国民政府军事委员会委员长昆明行营边疆宣慰团"副团长，12月高玉柱病逝后接任团长。1946年因病去世。

③ 远东：《关于边疆宣慰团》，《正义报·边疆周刊》1944年第28期。

的边民，但政府应该送给他们以精神，意志，和他们所不明白的政府的心，应该向他们表示政府实在关怀着你们，也正在设法拯救着你们①。

根据文章所论，宣慰即宣传抚慰，主要是向边民宣传国家、政府和中华民族，并表达政府的关怀和安慰之情。

关于人事和经费方面，该文指出，中国当时存在边疆工作人才缺乏的困难，这是人事方面"无法避免的自然的缺陷"；而该团的经费计划当时已高于一般公务员，但是到了边疆地区，由于经济环境与内地不同且当地使用半开银币，导致经费不足。这两点影响了宣慰团的工作效率和效果。

关于宣慰对象，该文持有批评的意见：

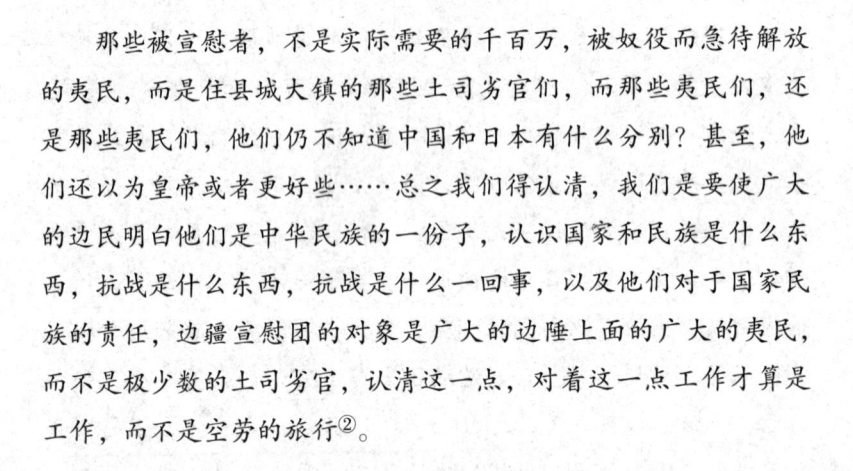

那些被宣慰者，不是实际需要的千百万，被奴役而急待解放的夷民，而是住县城大镇的那些土司劣官们，而那些夷民们，还是那些夷民们，他们仍不知道中国和日本有什么分别？甚至，他们还以为皇帝或者更好些……总之我们得认清，我们是要使广大的边民明白他们是中华民族的一份子，认识国家和民族是什么东西，抗战是什么东西，抗战是什么一回事，以及他们对于国家民族的责任，边疆宣慰团的对象是广大的边陲上面的广大的夷民，而不是极少数的土司劣官，认清这一点，对着这一点工作才算是工作，而不是空劳的旅行②。

对此，娄贵品指出，文章的批评当然不无道理，但现实没有那么简单。当时土司力量仍实际存在，且在无革命思想的普通民众中具有实际影响力，"在不能完全消除土司的实际影响力，且大敌当前的情况下，做好滇边土司的宣慰工作，也就等于做好了滇边民众的宣慰工作"③。

---

① 远东：《关于边疆宣慰团》，《正义报·边疆周刊》1944 年第 28 期。
② 远东：《关于边疆宣慰团》，《正义报·边疆周刊》1944 年第 28 期。
③ 娄贵品：《土司与边地社会的抗战动员——从"远东"对边疆宣慰团的评论说起》，《贵州民族研究》2019 年第 5 期。

除了到边地进行宣慰之外，对来省里报告情况的代表和土司进行接待问询也是宣慰工作的一部分。云南省边疆行政设计委员会成立之后，负责出面接见到省里报告的各民族代表和各地土司，与之进行谈话和询问。1944年秋，沧源设治局所属的卡瓦土司代表田子昌[1]等、班洪总管胡忠华[2]等、澜沧县募乃土司石炳麟[3]等、芒市土司方克胜[4]等先后到云南省府报告，都由云南省边疆行政设计委员会出面负责接见。委员会对拥护政府、协助抗战的边地各土司予以褒奖，并向土司、代表宣扬政府治边法令，希望加强团结合作，巩固边防，一致抗日。

（五）彻查边地不法事件

边疆行政设计委员会接到边疆地区发生的不法事件报告后，即转报云南省政府彻查，如福贡设治局局长报告边地游击支队司令滋扰侵害地方事件，中维德区通讯干事张征东呈报"边疆宣慰团"在维西、德钦擅自摊派款项以骗取边民财物事件，思普沿边通讯干事李拂一呈报中央化学兵团征兵苛扰边疆人民事件等，由边疆行政设计委员会转请云南省政府核准，并令有关各属注意查办。

---

[1] 田子昌（？—1949），云南沧源县岩帅镇人，曾参加岩帅武装支援"班洪抗英"斗争。1943年，被龙云任命为班洪抗日自卫队副指挥官。1949年4月，被任命为滇南边区人民自卫军第一支队佧佤山守备大队大队长。1949年底，田子昌父子与双江彭肇模勾结，企图发动叛乱而被击毙。

[2] 胡忠华（1912—1969），云南沧源县人，1942年接任第四任世袭班洪王，曾与父兄携手组织阿瓦山各部落抗英活动。1944年10月，被云南省政府委任为"班洪守备司令官"。1954年当选为第一届全国人大代表，积极拥护新中国建设。中缅两国议定南段未定界时，极力主张将班老地区划归中国。1969年病故于昆明。

[3] 石炳麟（1917—？），云南澜沧竹塘乡募乃村人，在当地组织武装势力，称霸一方。1942年全县成立民众自卫大队，石炳麟任竹塘乡自卫中队长。1945年，为扩大统治地盘进攻佤族地区，引起边境混乱。1949年1月被中共地下党击溃后逃往缅甸，1950年初窜回募乃作乱，1951年被中国人民解放军击溃后再次逃往中缅边境一带。

[4] 方克胜（1905—1983），云南芒市人，1944年任芒市土司代办，并被封为"中国远征军长官司令部上校参谋"。1948年7月被选为"国大"代表赴南京开会，见到蒋介石，同年8月任潞西县设治局局长。1949年8月，潞西设治局改为县，方克胜任潞西县县长。1950年初，芒市解放前夕，方克胜听信国民党特务谣言和鼓动，逃往境外。1983年在台湾病故。

（六）审核各方提交的边疆行政计划

云南省边疆行政设计委员会负责审核各方边疆行政计划，并拟出处理意见呈报省政府。如1944年，省参议员李毓茂提出的"调整思普沿边行政建议案""训练边官计划建议案"，省参议员姜亮夫筹议的"西南文化研究院建议案"，远征军政治部提交的"滇缅边区工作计划草案"等涉及边政的议案，边疆行政设计委员会对其进行研讨审核并拟具意见，呈复给云南省政府。

（七）协助云南省各项边疆工作

云南省民政厅行政设计委员会协助处理云南省各项边疆工作，如协助民政厅将禁烟标语翻译为边地所用文字，遵照省政府命令协助中华基督教边疆服务部洽商来滇工作计划。

第四节　江应樑离任后的云南省边疆行政设计委员会

一、边区开发方案试点工作

江应樑在云南省边疆行政设计委员会编写边地开发方案后，计划选择一个典型的边疆民族区域作试点，先到那里进行开发建设实验，他选择的试点是思普沿边的车里县（今西双版纳傣族自治州景洪市）。1945年7月，江应樑去车里实践边疆开发方案，不再担任云南省行政设计委员会主任，之后主任委员一职便长期由民政厅厅长兼任，而实际事务则由常务委员负责。

1945年9月，江应樑制订了《车里县政府一年施政计划》①，内容包括施政原则、民政、禁政、粮政、保卫、教育、卫生、交通、生产、结论10个部分，该计划的要点继承了在云南省边疆行政设计委员会编制的边区开发方案。经过近半年的努力，江应樑由于为政清廉、品格高尚而获得了

---

① 《车里县政府一年施政计划》，载云南省档案馆编《民国时期西南边疆档案资料汇编·云南卷》第四卷，社会科学文献出版社2013年版，第422-430页。

当地民众的信任,方案实践初步取得成效,同时,他也进入各村寨进行实地考察。然1946年春末,妻子病故的噩耗传来,江应樑随即返回昆明,辞去车里县县长一职。至此,云南省边疆行政委员会的边疆方案实践便以此告终。

云南省民政厅1945年拟订的工作计划中,涉及行政的工作有边疆考察、储备和训练边疆干部人员、拟订各边区开发方案、研究边疆、出版边政丛书、实地入边工作事项等,这部分工作实际由边疆行政设计委员会负责。江应樑离开云南省边疆行政设计委员会之后,该机构的工作大体按照原来的职能和计划继续进行。

二、李宗黄筹建云南省建设委员会无果

1945年8月,抗战取得胜利,然而云南边区之前存在的问题仍然如旧,为安抚边民,巩固国防,边疆开发显得越发迫切。10月,蒋介石以武力改组云南省政府,云南政坛发生巨变,李宗黄任民政厅厅长,兼代理省政府主席。

李宗黄(1887—1978),云南鹤庆人,字伯英。早年曾就读湖北陆军中学,后毕业于保定陆军军官学校第一期。1911年参加中国同盟会。辛亥革命时在武汉任督战参谋。护国运动中因功升任云南都督府参谋处处长。1918年赴日考察。1919年任云南省政公所督办。1921年任军政府交通部次长。1923年任驻粤滇军第二军参谋长,参加讨伐陈炯明,授陆军中将衔。1925年任广东国防军司令、中国国民党第一届中央候补执行委员,代理驻粤滇军第二军军长。抗战爆发后,任国民党河南省党部特派员。1945年,任云南省民政厅厅长,兼任云南省政府代理主席、云南省党部主任委员。1949年去台湾。1978年病逝。

云南省边疆行政设计委员会自1943年9月成立后,便做了大量调查、研究、设计和行政等方面的边疆工作,拟订出详尽的各边区开发方案。但因为当时边区环境复杂,边疆开发的各项工作又涉及方方面面,事权分属各处厅局导致互相牵制推诿,隶属于云南省民政厅的边疆行政设计委员会根本无法顺利推进方案的实践工作。李宗黄任职后,也延续了云南边疆开发的传统,积极谋求云南的边疆开发建设,鉴于云南省边疆行政设计委员

会在边疆开发工作中面临的困局,同时也考虑到需要进一步加强国民政府对云南地方的控制,于是1945年12月,他呈请成立云南省边疆建设委员会,直属云南省政府。云南省边疆建设委员会成立后,原有的云南省边疆行政设计委员会并入其中,从而"俾整个开发边疆事宜,有专管机构,负责统筹执行,不致再如以往之事权不专,互相牵制推诿之弊"①。对云南省边疆建设委员会的筹建提案,谷彦梅和沙文涛有中肯的评议:"云南边疆建设委员会的设想是在该会的统筹下进行云南边疆的整体开发,其至在中央的领导下与全国同步,可以说边疆建设委员会的设想一定程度是可以弥补边疆行政设计委员会的不足,也含有边疆开发由研究设计阶段走向建设实践阶段的意思"②。不过可惜的是,云南省政府批示,民政厅已设有边疆行政设计委员会,应该积极充实之,并加强工作,故设立云南省边疆建设委员会一事"暂从缓议",该提案最终被否定。李宗黄也在之后的云南政局变动中失去支持而离开云南,云南省边疆建设委员会筹议一事也不了了之。

三、杨履中主持云南省边疆行政设计委员会的工作

江应樑离开云南省边疆行政设计委员会后,便不再专设主任委员,而是由云南省民政厅厅长兼任,实际事务交给常务委员负责。1945年10月之后,杨履中任常务委员,长期主持云南省边疆行政设计委员会的工作。

杨履中(1912—1981),云南宾川人。20世纪30年代,其叔父杨如轩在国民政府担任中将参议,杨履中随同在上海读书,先后就读于上海中华职业学校和上海光华大学中文系。求学期间曾担任云南旅沪同乡创办的《滇声》③杂志主编。1938年9月—1942年2月,任云南朝报馆文书、主任。1940年2月—1941年4月,担任"三青团"云南支部《云南青年》月刊编辑(一级组员)、代理宣传组长。1941年4月—1942年2月,在昆

---

① 《云南省政府为据民政厅呈请设置云南边疆建设委员会以便开发本省边疆一案令知》(1945年12月12日),载云南省档案馆编《民国时期西南边疆档案资料汇编·云南卷》第六十六卷,社会科学文献出版社2013年版,第174–176页。
② 谷彦梅、沙文涛:《"衙门里的学术机关"——云南省边疆行政设计委员会的特点及工作述评》,《中国边疆学》2016年第2期。
③ 原名《云南旅沪学会会刊》。

明市政府任督学、教育局科长等。1942年3月，进入云南省民政厅，先后担任科长、政务督导员等职。1944年11月被聘为云南省边疆行政设计委员会委员，1945年10月以后任云南省边疆行政设计委员会常务委员①。杨履中有丰富的编辑经验，曾参与负责编辑刊发《正义报·边疆周刊》。他还编著了《全省边民手册》（云南省民政厅边政丛刊之五），于1946年出版，手册中记载了云南省少数民族的种类、分布和数量，是云南全省民族人口统计的开山之作，同时也是云南省民国时期民族构成和民族分布的唯一依据②。1946年11月，杨履中草拟了《中维德区开发方案》（未正式编印出版），可见他在任常任委员之后，在边疆行政设计委员会的重要工作内容是继承和延续该会前期所制订的计划。

1947年，云南省民政厅改组边疆行政设计委员会，杨履中保留职务负责改组事宜，其他委员则停职听候其他安排，名誉委员则都予以裁撤③。边疆行政设计委员会改组之后，除了关于人事变动方面的零星记载外，相关工作在目前所能查看的档案资料中很少见到记录。在江应樑离开之后，杨履中主持云南省边疆行政设计委员会工作的时间至少到1947年（此后因缺少资料，该机构运转情况不明），在云南政坛动荡期间努力维持该机构的工作运转，做出了一定的贡献。

四、云南省边疆行政设计委员会的贡献

云南省边疆行政设计委员会在国家边疆研究和开发建设大潮之下，应国民政府的号召而成立。成立之后，该机构在边疆调查、研究、设计、行政方面做了许多工作，比如调查、搜集边区的相关资料，将文献翻译成夷文，搜集边区文物，拟订出各边区开发方案，出版边政丛书，借《正义报》刊出《边疆周刊》等。然而该机构也存在一些不足，比如级别和权力

---

① 谷彦梅：《"衙门里的学术机关"——云南省边疆行政设计委员会及其边政工作研究》，博士学位论文，云南大学，2016年，第116页。

② 张黎波：《云南全省民族人口统计的开山之作——〈云南全省边民分布册〉概说》，载林文勋主编《民国时期云南边疆开发方案汇编》，云南大学出版社2013年版，第139页。

③ 谷彦梅、沙文涛：《"衙门里的学术机关"——云南省边疆行政设计委员会的特点及工作述评》，《中国边疆学》2016年第2期。

有限，无法将设想付诸实践；边政工作缺乏深入性和实践性，基本停留在调查研究、设计和规划的阶段；缺乏长远规划，易受政局变动影响①；等等。但是该机构的成立弥补了之前边政机构的不足，其所从事的工作为政府及社会各界认识、了解云南边疆提供了重要的资料，并给当时西南边疆研究提供了平台。

在云南省边疆行政设计委员会之前，云南地区曾设立过治边机构，包括1912年李根源在怒江地区组建的四个"怒俅殖边队"，1913年柯树勋在车里成立的普思沿边行政总局，1930年云南省政府在腾冲、宁洱设置的第一、第二殖边督办署等，这些机构在保疆卫土、边疆开发等方面发挥积极的作用，但因为这些机构是区域性的，且都设置在边疆地区，所管辖范围有限，也不能及时有效地反馈和实现云南省政府的政令。云南省边疆行政设计委员会虽然隶属于云南省民政厅，但它处理的边疆事务是面向全省的，具有统筹全局的功能，且能及时回应政府下达的行政命令。因此，该委员会的设立，一定程度上弥补了之前边政机构的不足。

云南省边疆行政设计委员会在云南边区开展调查研究，以供边疆开发设计，搜集了大量的资料，并在机构成立后一年编写出《云南边疆行政人员手册》《大小凉山开发方案》《腾龙沿边开发方案》《思普沿边开发方案》等成熟的边疆开发行政参考和设计方案，在《正义报·边疆周刊》刊载边疆调查和研究的文章，给当时政府及社会各界认识、了解云南边疆提供了重要的资料。

云南省边疆行政设计委员会在处理调查、研究、设计、行政等工作过程中，与各大学机构、学者有工作业务往来；委员会的负责人江应樑本身是边疆研究专家，并邀请方国瑜等著名学者担任学术顾问，聚集了一批研究边疆问题的学者；该机构编发的《正义报·边疆周刊》刊出边疆调查研究方面的文章，是继方国瑜主持的《西南边疆》、顾颉刚主持的《益世报·边疆周刊》之后又一个重要的西南研究平台。

---

① 谷彦梅：《"衙门里的学术机关"——云南省边疆行政设计委员会及其边政工作研究》，博士学位论文，云南大学，2016年，第129-130页。

第二章 学术服务边政：江应樑的学术人生与政学经历

抗战时期，有识之士关心国家命运，知识分子或通过学术研究给政府提供决策参考，或选择直接从政，以学术专长服务边疆建设。云南省边疆行政设计委员会成立后，江应樑担任主任委员。江应樑（1909—1988），原籍广西贺县，出生于云南昆明。云南大学教授、博士生导师，著名民族学家，主要研究中国西南民族与东南亚民族。曾任云南大学西南边疆民族历史研究所所长、云南省政协委员、民盟云南省委员、中国民族研究学会理事等。

江应樑

第一节　江应樑的学术人生

一、敏而好学　结缘学术

江应樑从小天资聪颖，勤奋好学，成绩优良。由于小时候家庭遭遇变故，他小学二年级开始随师父月溪和尚住在灵光寺，穿僧服上学。小学毕业时，他以第一名的成绩考入云南省立第一师范学校，这所学校是公费的，提供食宿。1927年，江应樑从师范学校毕业，时年18岁，随后考入上海暨南大学预科班。1928年由预科顺利升入本科，先后在中文系、社会学系、历史系学习。1932年，以优异成绩本科提前毕业（当时暨南大学本科制为五年）。他大学期间的生活费主要来源是云南省教育厅每个月发的十元大洋，此外，月溪师父也给他提供资助，接济他购买书籍和衣物。本科毕业后，他就职于暨南大学附属中学，担任教员兼训育委员会干事。

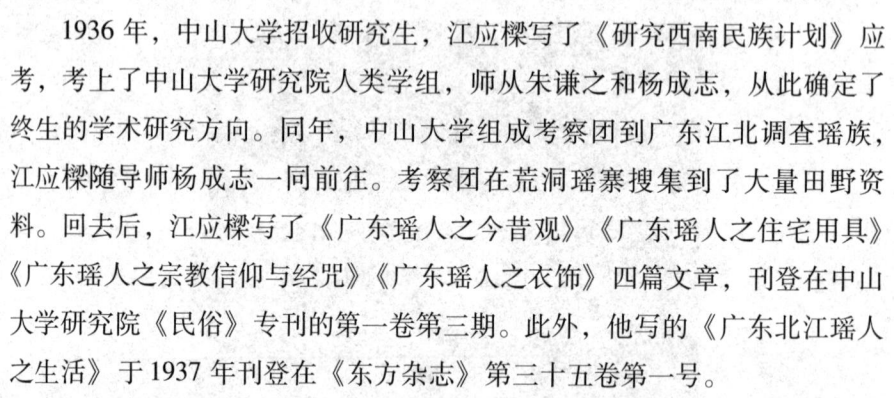

1936年，中山大学招收研究生，江应樑写了《研究西南民族计划》应考，考上了中山大学研究院人类学组，师从朱谦之和杨成志，从此确定了终生的学术研究方向。同年，中山大学组成考察团到广东江北调查瑶族，江应樑随导师杨成志一同前往。考察团在荒洞瑶寨搜集到了大量田野资料。回去后，江应樑写了《广东瑶人之今昔观》《广东瑶人之住宅用具》《广东瑶人之宗教信仰与经咒》《广东瑶人之衣饰》四篇文章，刊登在中山大学研究院《民俗》专刊的第一卷第三期。此外，他写的《广东北江瑶人之生活》于1937年刊登在《东方杂志》第三十五卷第一号。

江应樑经过亲身考察，见识到中国西南境内的广袤土地上生活着的千万苗民，而内地的人们却与少数民族之间有相当深的隔膜。他认为要去谈救中国，就需要复兴民族，复兴民族则须彻底明了整个民族的现状，因此在《广东瑶人之今昔观》一文中，表达了自己对何为中华民族的认识：

> 今日之中华民族，绝对不是以一般所谓之汉族可以概括一切的，也不是一般所谓之汉、满、蒙、回、藏五族可以概括一切的，把汉族看做主人翁来代表中华民族是绝大的错误，把中华民

族分做汉、满、蒙、回、藏五族更是绝大的荒唐；由种族上讲，中华民族具有同样的体质、肤色、毛发、性格，自然是同一种族而绝无所谓五族或六族之分；由血统上讲，历史上几千年民族间的大混合及长期密切的接触，血统上已互相发生了混合，所谓汉族者，能说是绝对的"黄帝"血统吗？所谓蒙民族者，能说是绝对的匈奴鲜卑血统吗？且除汉、满、蒙、回、藏外，分布于中国西南境中的千万苗民，岂竟一概将其摒之于我族之外？所以今日之中华民族，实是整个的，同一的，而无所分歧的。能对中国领土中全部民族的各个分子均有一个彻底的明了认识，方能说得到了解我们自己，方能与说复兴中华民族之道。……中华民族是一个整体的民族，西南民族则为此整体民族中之一个大支系，这是作者研究西南民族的一个一贯的见解①。

江应樑所提倡的正确认识中华民族、消除民族隔阂、民族平等的观点，至今仍具有现实意义，是中华民族复兴的题中应有之义。

在此时期，江应樑在中山大学也撰写有关云南的研究文章，如1936年在中山大学《民俗》第二期上发表了《昆明民俗志导论》；1937年在南京《新亚细亚》月刊第三卷第四期上发表了《云南用贝考》。1937年春，江应樑参加中山大学和岭南大学组成的考察团前往海南岛考察黎族，考察团在那里经过数十天的工作，收集了许多当地民族的服饰、生产生活用具。回中山大学后，江应樑写了《历代治黎与开化海南黎苗》一文，于1938年发表在《新亚细亚》月刊第十三卷第四期上，他开始将人类学田野调查资料与古代史料相结合来研究民族问题。

二、行万里路：边区田野调查

海南岛苗族调查取得成功后，中山大学研究院计划全面深入考察壮、黎、傣等百越族各民族的族属关系，与云南地方政府合作，派遣江应樑到

---

① 江应樑：《广东瑶人之今昔观》，载瑶学丛书编辑委员会编《20世纪上半叶瑶族调查报告文集》，民族出版社2014年版，第80、83页。

云南考察傣族。1937年7月，江应樑经过香港，乘船到越南海防，再乘坐火车沿滇越铁路抵达昆明。

江应樑此次返回昆明，距他离开昆明外出求学已经过去了十年，这十年间，江应樑通过个人的坚持和不懈奋斗，又得到诸位老师的教导，在学术研究上摸索到了门道，获得了老师和同道的肯定，并组建了家庭，成为一位于国于家都有所担当的青年才俊。到达昆明后，江应樑立即准备考察装备和物资，打算前往腾龙沿边（即今云南省德宏傣族景颇族自治州）进行考察，这是他之后连续50余年傣族研究的起点。

江应樑先生具有不畏艰险、执着探索的精神。当时腾龙沿边地处偏远，有高山大川阻隔，加之语言障碍，土匪活动猖獗，路上行人罕见，内地人也极少去，又不了解实际情况，认为那是蛮烟瘴雨的边地，那里的"夷人"会用蛊毒害人，都不敢轻易前往。得知江应樑先生要去往腾龙沿边进入摆夷区的时候，亲友都觉得他有些疯狂。

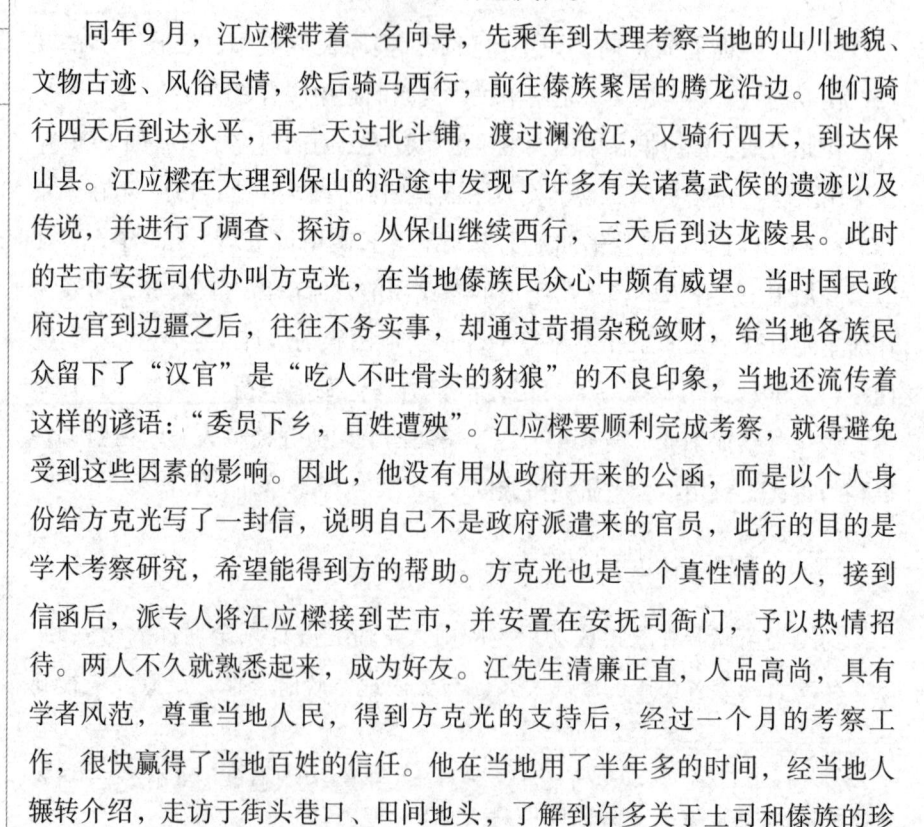

同年9月，江应樑带着一名向导，先乘车到大理考察当地的山川地貌、文物古迹、风俗民情，然后骑马西行，前往傣族聚居的腾龙沿边。他们骑行四天后到达永平，再一天过北斗铺，渡过澜沧江，又骑行四天，到达保山县。江应樑在大理到保山的沿途中发现了许多有关诸葛武侯的遗迹以及传说，并进行了调查、探访。从保山继续西行，三天后到达龙陵县。此时的芒市安抚司代办叫方克光，在当地傣族民众心中颇有威望。当时国民政府边官到边疆之后，往往不务实事，却通过苛捐杂税敛财，给当地各族民众留下了"汉官"是"吃人不吐骨头的豺狼"的不良印象，当地还流传着这样的谚语："委员下乡，百姓遭殃"。江应樑要顺利完成考察，就得避免受到这些因素的影响。因此，他没有用从政府开来的公函，而是以个人身份给方克光写了一封信，说明自己不是政府派遣来的官员，此行的目的是学术考察研究，希望能得到方的帮助。方克光也是一个真性情的人，接到信函后，派专人将江应樑接到芒市，并安置在安抚司衙门，予以热情招待。两人不久就熟悉起来，成为好友。江先生清廉正直，人品高尚，具有学者风范，尊重当地人民，得到方克光的支持后，经过一个月的考察工作，很快赢得了当地百姓的信任。他在当地用了半年多的时间，经当地人辗转介绍，走访于街头巷口、田间地头，了解到许多关于土司和傣族的珍贵情况，考察了芒市安抚司（今芒市大部分）、遮放副宣抚司（今芒市遮放镇）、猛卯安抚司（今瑞丽市）、陇川宣抚司（今陇川县大部分）、盏达副宣抚司（今盈江县）、干崖宣抚司（今盈江县大部分）、南甸宣抚司（今梁河县）7个傣族土司地区的历史沿革、社会概况、民族情况，以及政治、经济、文化、宗教风俗等方面的情况。1938年4月，江应樑从南甸出发，离开傣族地区去腾冲。一周后，他又骑马翻越高黎贡山，渡过怒江，经保山到永平，在曲洞回族聚居地考察几天后，到达大理。在大理卖了马，由下关搭车返回昆明，结束了为期8个月的滇西考察之旅。

江应樑骑马考察

在腾龙边区考察结束后，江应樑经昆明转往广州，在炮火声中写成20万字的《滇西摆夷调查报告》。1938年5月，撰写出硕士毕业论文《云南

西部的"摆夷"研究》。9月,江应樑从中山大学研究院毕业,获得硕士学位,被聘为中山大学历史系讲师,讲授"中国民族史""西南民族研究"等课程。11月,江应樑又以中山大学研究院和云大特派民族调查员的身份,参加了当时中央振济委员会和云南省政府组织的社会、民族、地质、生物、气象、农业、水利、卫生等多学科组成的滇西考察团,再度来到腾龙边区,进行了为期数月的考察。考察结束后,他写了《云南西部僰夷民族的社会经济》《僰夷的家庭组织和婚姻制度》《诸葛亮与云南西部边民》,发表在《西南边疆》杂志的创刊号、第2期和第6期上,《云南西部之边疆夷民教育》发表在《青年中国》季刊的创刊号上。

江应樑先生在滇西德宏考察过程中,有一个重要的活动是征集民族文物资料,以及拍摄了许多珍贵的照片,这些文物和照片资料真实生动地记录了当时德宏地区民众的生活情况。之后,这些文物和照片在广州、香港展出,反响热烈。1940年,江先生在《云南西部的"摆夷"研究》书稿的基础上写成《滇西摆夷之现实生活》。

除了到傣族地区进行考察,江应樑还到凉山彝族地区进行了考察。凉山地区位于云南、四川、西康三省接壤的区域,在当时是原始而神秘的地方。江应樑很早就计划去凉山考察,只是苦于没有合适的机会和经费支持。这次学校派遣他去凉山考察,可谓正合心意,又得到中国边疆建设协会的协助,并在顾颉刚的引荐下,得到当时四川省博物馆馆长冯汉骥2000元的资助。凉山地区非常广袤,海拔有1500~5000米,当时尚处于奴隶社会。

1940年8月,中山大学迁回广东,校方安排江应樑继续留在云南。一是到重庆给国民政府教育部开办的边疆民族训练班和中央政治学校边政专修科讲授3个月的中国民族史,二是去凉山地区和西双版纳对彝族社会和傣族社会进行调查。1941年冬,江应樑前往凉山地区考察。江应樑到了凉山,与当地一位黑彝首领盟誓,他入乡随俗,不畏艰苦,穿上草鞋,穿着披毡,吃苞谷、洋芋,睡在火塘边,深入具体地体验、观察凉山彝族的生活,了解他们的文化生活、风俗习惯、家庭结构、部落组织等。历时百余日,于4月结束考察回到昆明。回去后他根据在凉山调查所得的资料,写了《凉山罗罗的氏族组织》,7月在此基础上扩充,写成《凉山夷族的奴隶制度》一书，后此书于 1948 年在广州由珠海大学出版。由于战火绵延造成交通中断，此次调查回来，江应樑与广州的大学失去了联系。经朋友介绍，他去了国立东方语文专科学校任教，讲授民族史。后又于 1943 年出任云南省边疆行政设计委员会主任，1945 年任车里县县长。

三、重返云南　任教云大

1947 年 2 月，江应樑受聘为中山大学、珠海大学的教授，并兼任珠海大学文史系主任。他将多年田野调查结果进行整理，出版了《西南边疆民族论丛》《凉山夷族的奴隶制度》《摆夷的生活文化》，其中《摆夷的生活文化》是在之前写的《云南摆夷研究》《滇西摆夷之现实生活》的基础上，结合并补充了其在西双版纳 8 个多月调查所得的资料写成的。

1948 年，江应樑受聘为云南大学社会学系教授，1953 年云南大学院系调整后，江先生转而研究民族史，此后一直在云南大学任教。1950 年，江应樑参加中央民族访问团，担任团委，又一次到云南武定、大理、丽江、永胜、维西、中甸、芒市等地进行访问，参与调查。1956 年 3 月，江应樑写成了《明代云南土司土官考》。同年 5 月开始着手撰写《傣族史》。1957 年，写成《彝族社会》，共计 7 章 17 万字。

"文化大革命"期间，江应樑的正常生活被搅乱，身心遭受折磨，学术研究无法正常开展，并且在此过程中痛失已完成的《西南少数民族图集》《百夷传校注》《傣族史》三部书稿，以及几十年来他在少数民族地区进行田野调查时拍摄的几千帧珍贵的资料照片。

1976 年，江应樑开始着手写《百夷传校注》，此书于 1978 年完成后，由云南人民出版社出版。江先生根据自己多年来的田野考察所得，广泛引用古今文献，厘清源流，更正错误，对百夷的社会、经济、文化、生活习俗，壮族、傣族等的族属关系以及其与古代越人的渊源进行探讨，提出了独到的见解。1979 年江应樑参与筹建云南大学西南边疆少数民族历史研究所，并担任所长。1982 年底，江先生又写成《傣族史》，于 1983 年在四川民族出版社出版。该书被公认为傣族史研究的权威著作，在这本书中，江先生结合了人类学和民族史研究的方法，将历史文献资料与自己十几年的田野考察结合起来对傣族的历史进行研究。这种研究方法对云南大学的历

史学研究和民族学研究都产生了深远的影响。1983年10月，江应樑任《中国民族史》一书的主编，1984年被聘为云南大学博士生导师。江先生带领云南大学的历史系教师和他培养的四名博士生，组织编写了《中国民族史》。同时，还整理了其个人论文集《江应樑民族研究文集》。1988年底，江先生在昆明的家中与世长辞，享年79岁。

江应樑先生考察云南民族，是其西南民族研究计划中的重要工作，他深知实地考察对于民族研究的重要性，为避免纸上谈兵，他尽可能争取机会将民族考察工作付诸实践。"考察云南民族，为本人西南民族研究计划中重要工作之一，数年来对于书本资料之搜集整理，数量上已略有可观，惟前人著书，凡有关蛮夷、民族之事，率多道听途说，或竟系闭门意想所得，既不亲历调查，又无科学根据，故书本所载，实不能据以作研究资料，而今人之言研究西南民族者，除极少数外，亦不过用稍有条理之方法，将古人著作，加以整理推论，依然纸上谈兵，实不能称为科学著作。本人所以不避艰险，依然愿只身深入边地。作实际之观察者，其目的实为求取一种真实而有价值之资料，以供学术上的研究及政府化夷工作上之参证。"① 在江先生的西南民族研究的成就中，对傣族的研究尤其深入，他经过数十年的田野调查，掌握了非常丰富扎实的资料，又结合文献考据，对傣族的历史、文化、政治、经济、宗教等都进行了深入的研究，完成了《滇西摆夷研究》《滇西摆夷之现实生活》《摆夷的生活文化》《傣族史》等专著，以及相关论文数十篇，在傣族研究史乃至西南民族研究史中具有重要的位置。

纵观江应樑先生的学术研究生涯，可以说是极富传奇而跌宕起伏的，同时也是求真务实而坚韧不拔的。他一次次冒着未知的困难和危险，深入边地，搜集资料，探求真相；他对自己的研究怀有极大的热忱，不畏艰险，排除万难，努力去实现目标；他勤勉奋进，在炮火中写作，在经历重大挫折后重新出发，给后人留下了丰厚的文化遗产，谱写了一篇"千磨万击还坚劲，任尔东西南北风"的生命华章。

---

① 江应樑：《云南西部民族考察计划》，《国立中山大学日报》1937年7月8日，第8版。

第二节　力求政学兼顾：江应樑的从政之路

江应樑有时因为个人研究旨趣，有时因为接到学校下达的任务，常常深入边疆民族地区进行考察。在考察工作中他接触到各行业、各领域的人，在学界和政界都有广泛的社会关系。江应樑曾在西南考察期间拜访方国瑜，与方国瑜一同去南菁中学与土司学生交流；1942年云南大学西南文化研究室成立后，方国瑜出任主任，江应樑被聘为特约研究员。江应樑与边地土司方克光保持着良好的友谊，在学术考察中得到方克光的支持。1943年9月，云南省边疆行政设计委员会成立，江应樑任主任，这是他从政的开始。1945年8月，他到车里县任县长，实践开发方案，并对摆夷进行考察。

一、就任云南省边疆行政设计委员会主任

1943年9月，云南省民政厅成立了边疆行政设计委员会，江应樑任主任委员。

学术考察需要经费、政府力量的支持，政府对边区的治理需要学者的研究结果作为佐证。江应樑曾表达了学术与政治可以在边疆开发工作中相得益彰的期许：

> 倘能由政府的力量，集合若干专家，集中人力，使固定在一个边区，政府帮助他们作学术上的考察，学者则提供给政府以开边的参考，则当边疆收到开发的成效时，学术上也必定出现不朽的作品①。

江应樑在担任云南省边疆行政设计委员会主任委员期间，结合自己多年的考察所得和经验，推行了边疆调查、研究、设计、行政等工作，亲自

---

① 江应樑：《开边已至实行时期》，《正义报·边疆周刊》1943年10月23日第1期。

参与拟写各边区开发方案，其署名的有《边疆行政人员手册》《大小凉山开发方案》《腾龙边区开发方案》《思普沿边开发方案》。

江应樑是云南省边疆行政设计委员会的机关刊物《正义报·边疆周刊》的开创者，以及前期工作的实际负责人。《正义报·边疆周刊》作为边疆行政设计委员会的机关刊物，是该机构对外宣传的窗口，发行的主要目的是宣传边政工作，吸引社会各界力量共同讨论边疆的开发和建设，促进开发方案的制订。《正义报·边疆周刊》于1943年10月23日正式出刊，到1944年12月27日停止发刊，共出了58期，其中大部分时间是江应樑负责。1944年12月，由于江应樑主要在准备和撰写《思普沿边开发方案》，便将刊物的编发工作转交给杨履中负责。江应樑本人还亲自撰文刊登在《正义报·边疆周刊》上，前后共刊载了26篇文章。此外，他还通过个人的社会关系广泛组稿。江应樑对《正义报·边疆周刊》投入了大量心血，也奠定了其浓厚的学术氛围，使之成为继方国瑜主持的《西南边疆》、顾颉刚主持的《益世报·边疆周刊》之后西南边疆研究的又一重要平台。

二、担任车里县县长

江应樑对傣族研究抱有极大兴趣。他认为，云南傣族主要分布在滇西腾龙沿边、耿马孟定一带，以及思普沿边的十二版纳（今西双版纳），前两个地区他已去考察过，而作为傣族主要大本营的普思沿边的十二版纳地区还未去过，因此，对傣族无法进行整体研究。他非常迫切地想前往版纳地区，在其晚年的一份简历中说：

> 我去西双版纳的心不死，总认为傣族聚居的两大区域，我只是去了德宏一个地区，而西双版纳是保有原始形态的傣族聚居区，不到西双版纳，只能算见过半个傣族……今生到不了西双版纳，死不瞑目[①]！

---

① 江晓林：《江应樑传》，广西师范大学出版社2005年版，第110-111页。

当时，在江应樑主持下，云南省边疆行政设计委员会已基本拟订了各边区边疆开发方案。他一直希望能够将研究设计的开发方案付诸实践，服务边政工作。他曾说：

> 我们大家都抱着一个实际去做的野心，在时机成熟时，准备把委员会移殖到边区，实际去执行一个方案，把理论与实际配合起来，把研究与实行相辅并行，或者有所成绩贡献给社会①。

江应樑出于学术考察的心愿和将边区开发方案付诸实践的计划，向时任云南省民政厅厅长陆崇仁提议申请前往十二版纳考察一年，由于考察费用巨大，陆崇仁提议让他去任车里县县长，以便去实践他的治边方案，同时也可在当地开展边疆民族考察活动。

江应樑考虑到："若去做夷人边地县长，既可实验我的治边理想，也可达到我的考察愿望"②，于是他1945年7月前往车里任县长。就任之前，江应樑写下座右铭以自勉："清慎律己，诚恕爱人，绥强以德，抚弱以仁，姿其所安，用其所能，经边固疆，持之以恒"。严格要求自己为官清廉，以德服人，以仁抚民，争取边民的信任，并通过任用能人，发展和巩固边疆。这体现出江先生的学者风骨和为政原则。9月，江应樑制订《车里县政府一年施政计划》③，作为其在车里工作的指导性文件。《车里县政府一年施政计划》内容包括施政原则、民政、禁政、粮政、保卫、教育、卫生、交通、生产、结论10个部分。

江应樑在《车里县政府一年施政计划》中所列的施政原则，就是云南省边疆行政设计委员会制定的开发边疆的四大原则：

（1）边官应以廉洁换取边民信仰，以诚信建立官府威望，以实干、苦干精神改换边民面目。

（2）边疆开发之先决问题为医药卫生及交通建设。

---

① 江应樑：《边政研究工作在云南》，《文史杂志》1945年第5卷第9、10期。
② 江应樑：《我怎么研究西南民族》，《文史春秋》1948年第2期。
③ 《车里县政府一年施政计划》，载《民国时期西南边疆档案资料汇编·云南卷》第四卷，社科文献出版社2013年版，第422-430页。

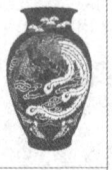

（3）教育为开发边疆之百年大计。

（4）借生产开发以繁荣边疆，福利边民。

车里县政府施政原则

在"施政原则"之后还指出:"本施政计划,即根据此四大原则,斟酌地方实际情形而拟定之。"

民政。在民政一项中,指出首要去做的是消除边民对政府的隔阂仇视,从而使政令得以推行。隔阂仇视多由于过去边官苛索边民导致,现在为官者应以廉洁公正的作风,尽可能最大范围地减轻边民负担,使边民对政府改观。减轻边民负担的主要措施包括:废除一切苛摊杂派;凡县府职员兵役因公派赴四乡者,严禁向边民强索供应,摊派旅费,收受贿赂;上级机关派员到县,县府绝不再循例向民间摊派旅费及招待费;商同地方驻军,严禁假借机关名义,随地强派夫役,驻军派夫应照手续函县府办理,以节民力。

禁政。主要指严禁种植大烟。提出了主要办法:召开禁政大会,宣布政府禁烟决心;严防下种,由各乡镇长向县府具切结,各保甲长向镇长具切结,倘有发现,连坐处分;县长绝不包庇受贿,除于下种期间视赴各乡宣传查禁外,此后随时发现烟苗,随时以武力铲除;登记烟民,筹设戒吸所为之戒除。

粮政。车里县为折征区①,粮政比较繁琐的是积谷和军粮两项。执行办法为:折征遵从上峰命令办理;采购军粮,致函给兵站商议核定采购价格,先行收款后发给县,县府即时转发各乡代为采购,以免米款迟发,导致价格涨落而生纠纷;军粮之前是先交县府,再由县府转交兵站,不仅耗费人力,而且途中难免发生弊端,现改由各乡镇直接交兵站,取到票据后呈给县府,并致函兵站出入用同一量器,并严密监督量米时的弊端;本县积谷,自经敌机轰炸后,即分散存各村寨,多的有一个乡有四五十仓的情况,管理和盘点都不方便,现在要设法集中,每乡分三至四仓存放积粮;拟由县府制造公斗,分发各乡,今后凡积谷、军粮,都用公斗衡量。

保卫。保卫队在边区征兵困难,对此请求上峰准作如下变通办法:保卫队兵,拟半额征调,半额招募,征调者仍以全县壮丁入队训练,按期退伍,招募者则设法物色强健汉人,予以严格之军事训练,俾能实际负地方

---

① 中国封建政府赋税中,原定征收的实物称本色,改征其他实物或货币,称折色。折征,即将原征财物改征其他财物的措施。清朝时,本色不限于米麦,折色专指银两,折征区即征银两的区域。

治安之责；征调队兵，其退伍时期，略予加长，俾对语言习惯方面，亦可兼施教化；逐渐设法罗致散居四山之阿卡、攸乐、濮曼等人，编为队兵，此种人习性强悍，倘有合宜之训练，实为边疆理想之战士，观英人在缅甸之设施，即可取法效仿。

教育。在教育上，车里县的边地教育本如下方针实施（据厅边委会订定）：施教应以边民为对象；教育应与生活发生联系；利用其原有之教育制度（佛寺教育），授予现代知识；利用其自有文字以灌输新知识；兼采诱导及强迫方法以招致学生。计划在宣慰街成立县立中心小学（宣慰街为车里宣慰所在地），摆夷集居区夷僚不论贵贱，幼年皆须入佛寺做小和尚，县立小学设此，即可以此地小和尚为施教对象；在县府所在地成立边地小学；在每一乡公所所在地成立中心小学一校；成立民众教育馆；选送优秀夷民赴昆明升学；发刊壁报，用汉夷文对照，公布电消息及政府法令。

卫生。车里县原有的卫生院，医生和药物两项都紧缺，形同虚设，江应樑用到任后清理所得的专款现金四千元，安排下下措施：向昆聘请正式医科大学毕业而有临床经验的医生两人，来县主持卫生院；购办药品及医疗器械；修理卫生院房屋；组建巡回医疗队，分赴四山诊治疾病及点种牛痘；诊病概不收费，药品以施赠为原则；改良环境卫生，注重公共卫生；举办卫生宣传，指导人民生活。

交通。车里县重要的交通要道有两个：一个是自车里县治至六顺境，再通思茅的大道，约长一百四十华里；另一个是自车里县治至佛海边境的大道，约长一百华里。两条要道都因年久失修，一到雨季，河水泛滥，道路泥泞，难于通行，而境内各乡镇间道路，也大体是这样的情况。此外，澜沧江上的打角、橄榄两个渡口，为昆明至车佛南必经之道，也因船只缺少，管理不善，通行不畅。经县府会议议决，本年（指1946年）内先作如下修筑：各乡出夫修筑车里至佛海大道，宽度应达到二公尺半；联合乡出夫修筑车里至宣慰街大道，宽度三公尺；各乡出夫修筑县府前大道，铺细石及沙，宽度四公尺；猛养乡负责将通思茅大道略事修补；乡镇间道路，由各乡镇自行负责修筑，县府派员指导；架设由县府至宣慰街流沙河上之大桥；在打角、橄榄两渡建造大船，严密管理，以利行旅。

生产。车里县平原广大，土质肥沃，物产丰富，气候近亚热带，稻谷一年可两熟，可以推行的生产工作很多，《车里县政府一年施政计划》考虑到限于交通、人力、财力，且这是第一年计划，还没有取信于民，不敢贸然执行大的举措，于是选择了较为容易且实际需要的几个事项：劝民耕种小春；由县府购办杂粮菜蔬种籽，免费发给人民栽种；指导人民耕种方法；改良民间农具；倡种棉花，并试种木棉；与思普企业局合作，成立实验农场。

在《计划》的结论部分指出，车里县位处边陲，地广人稀，政教方面需要振兴的事务，千头万绪，本计划所拟八项，仅仅是当前比较紧急，且估计地方力量可以做到的。其他如保甲编整、户政实施，由于情形特殊，打算到下一期计划办理。并指出"县长奉命入边，职在实验开发计划。"初期的施政目的在于"革除旧习，振作风气，以转移边民观感，是则事虽琐琐，效实难言，至若全面开发大计，尚须待诸来日。"

江应樑编写的这份施政计划，列出了车里县政府的施政原则，并详细说明了一年施政计划的具体举措，在多方面继承了其编写的边区开发方案要点。从中可以看出，本计划是江应樑在车里县实践边疆开发工作的第一步，根据轻重缓急和实际存在问题，提出相应对策，且仔细考量计划措施的可行性，具有科学、务实的特点。从结论中还可推测，江应樑还对下一步的施政方案也进行过思考。

经过数月的努力实践，江应樑遵循他自己制定的原则，凭着清廉的作风和人格魅力，跟当地群众相处融洽，逐渐获得民众的信任，在车里县的实验初见成效，对边疆治理工作也增添了信心。据江先生回忆："不到半年，摆夷们果都成了我的朋友了，我私心窃喜，边事大有可为。"① 在工作之余，江应樑也积极筹谋学术考察，曾到橄榄坝、大勐笼、小勐养、南糯山等村寨进行考察。但此时恰逢云南省政府改组，"新任的一位民政厅厅长是连'边疆'两字也解释不出来的"② 又于 1946 年 6 月收到妻子在昆明逝世的噩耗，江应樑匆匆赶回昆明，结束了车里县县长的工作。

江应樑原本计划在车里任职两年，但未满一年便不得不辞去了县长一

---

① 江应樑：《我怎样研究西南民族》，《文史春秋》1948 年第 2 期。
② 江应樑：《请确定西南边疆政策》，《边政公论》1948 年第 1 期。

职。其原因据谷彦梅分析，除了当时云南政坛变动、政治腐败，以及突逢夫人去世之外，车里地区的土司制度也是江应樑的施政方针无法继续推行的重要原因①。当时车里地区的土司组织系统还非常严密，土司制度因数百年相沿成习，虽然设置了县府和设治局，但当地事务的处理仍然依循旧有制度，所以土司虽然没有名义上的政治地位，但掌握着实际的权力。土司制度的实际存在导致国家政令无法通达，边区开发方案的各项措施无法落到实处，应该从根本上予以废除。江应樑经过实际考察，认为土司在当地其实也不得民心，统治并不稳固，如果有一个比土司更加清廉且有能力的边官进行治理，政府给边民以保障，边民自然会归附政府。政府不必明令废除土司，只需要健全政权组织，不再委派新土司，使土司自然消亡，而土司中年轻有为者，培植他成为地方人才。但是时局动荡，这个提议在当时也只能停留在理论层面了。

江应樑在从政期间，利用学术研究专长去处理相关行政工作，在主持边疆行政设计委员会工作的时候，由于工作内容和委员、顾问背景都带有浓厚的学术气氛，该机构被称为"衙门里的学术机关"。同时，他也不忘自己学术研究的初心，借去车里县任县长实践开边方案的机会，尽可能地进行学术考察，正如后人所言："江应樑的从政初衷就是以其学术专长为出发点的，力图将自己的专业知识应用到实际工作中，从而为抗战建国贡献自己的一份力量。江应樑从政时的最大特点是始终想将他对学术的诉求与对政治的诉求兼顾，一方面想将自己的学术专长用于实际政治，另一方面又始终不忘自己的学术追求，并试图通过与政治的结合更好地实现自己的学术目标"②。

---

① 谷彦梅：《"衙门里的学术机关"——云南省边疆行政设计委员会及其边政工作研究》，博士学位论文，云南大学，2016年，第113页。
② 谷彦梅：《"衙门里的学术机关"——云南省边疆行政设计委员会及其边政工作研究》，博士学位论文，云南大学，2016年，第123页。

第三章 《正义报·边疆周刊》与云大史学

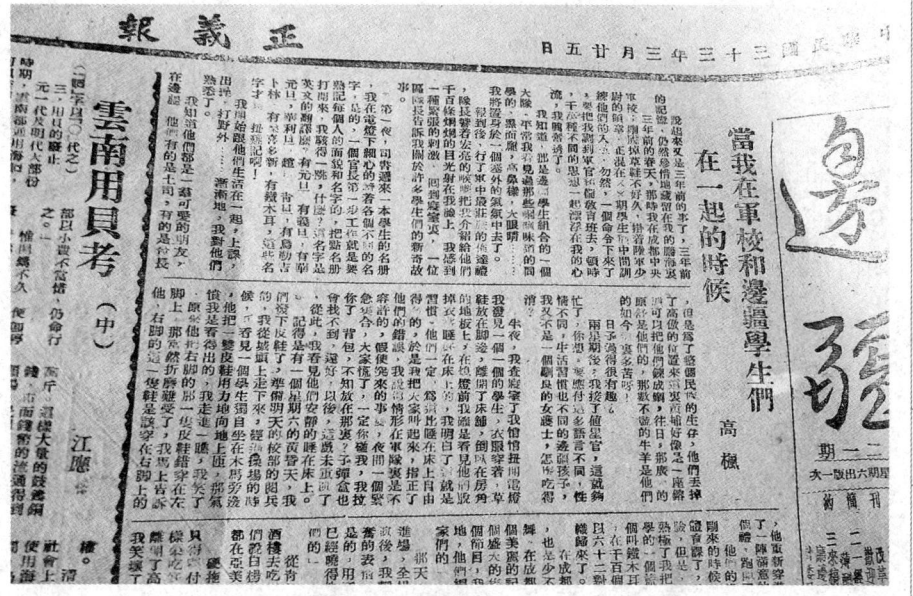

《正义报》

1943年10月，云南省边疆行政设计委员会借《正义报》刊出《边疆周刊》，《正义报·边疆周刊》是政府机构的机关刊物，被称为该机构的喉舌。该刊物的出版与云大史学有密切的关系，该刊的创办受曾任教于云南大学文史系的顾颉刚先生的影响，其创办人是云南大学历史学教授江应樑，该刊撰稿人很多都是云南大学历史学教授，如方国瑜先生等。可以说，是云南大学历史学成就了《正义报·边疆周刊》，使其成为云南省边疆行政设计委员会展示云南边政工作的窗口，在云南边疆开发建设中成为沟通政府和公众的桥梁。由于《边疆周刊》长时间由西南边疆民族问题研究大家江应樑主持，他十分看重该刊文章的学术性，使其学术氛围很浓，他试图使《边疆周刊》能像《西南边疆》那样成为一个学界同仁学术交流的平台，从结果来看，他的尝试是成功的。《正义报·边疆周刊》大量介

绍了云南边疆地区的情况，比较系统全面地向国人介绍云南边疆，为学界提供了认识和研究云南边疆的学术交流平台，使云南边疆被更多的人知道，奠定了云南大学边疆研究的基础。他的这种尝试，既受云南大学史学教授顾颉刚、方国瑜等人的影响，又反过来促进了云南大学史学的发展，特别是使云南大学边疆民族研究兼具了理论性和实践性的传统。

第一节　方国瑜、顾颉刚与《正义报·边疆周刊》之创办

《正义报·边疆周刊》是云南省边疆行政设计委员会宣传和展示边疆开发和建设政策、措施的边疆性质刊物，采用报纸的形式发行，借用在昆明创办的民办商业报纸《正义报》刊出，每周发行一次。该刊的创办受到云南大学文史系著名历史学家方国瑜教授和顾颉刚教授等人的影响。

一、方国瑜对《正义报·边疆周刊》创刊的启发

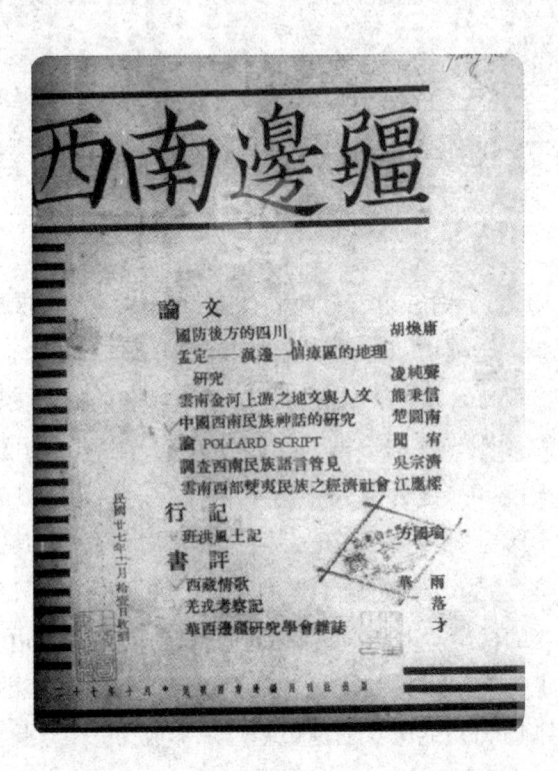

《西南边疆》期刊

方国瑜（1903—1983），字瑞丞，云南丽江人，纳西族。西南边疆研究的开创者和云南民族史、云南地方史研究的奠基者、纳西学的鼻祖。中国著名的历史学家、民族学家、文献学家、语言学家、方志学家、教育家。中华人民共和国成立后，任第一届至第四届云南省人大代表，第五、六届云南省人大常委会委员，第三、四、五届全国人大代表。著有《纳西象形文字谱》《西南地区考察记》《彝族史稿》《云南史料目录概说》《中国西南历史地理考释》《云南地方史讲义》《云南民族史讲义》等。

方国瑜

1936年9月，经袁嘉谷先生一再邀约和挽留，方国瑜开始在云南大学执教。方国瑜先生在云南大学执教47年，先后任文史系教授、文史系主任和文法学院院长。1938年以后，方国瑜兼任云南通志馆编审、审定、续修之职，撰写了《建置沿革》《疆域考》《金石考》《宗教考》《族姓考》诸目，参加全书的编纂和审定工作，为《新纂云南通志》的编纂做出了重大

贡献。同年,方国瑜邀约凌纯声等学者编辑出版《西南边疆》杂志,先后刊行 18 期。1942 年,在云南大学创办了西南文化研究室,先后出版了《滇西边区考察记》《云南农村戏曲史》《越南古史及其民族文化之研究》《明清滇人著述书目》等,推进了我国西南边疆史地研究的发展,开展了中国边疆学构筑的早期实践,促进了中国学术的现代转型,该研究室成为当时西南民族历史文化研究中心。1944 年,曾任云南省边疆行政设计委员会顾问。方国瑜先生曾任九三学社云南省工委副主委、云南省人民政府民族事务委员会委员、全国人民代表大会民族事务委员会委员、全国史志编纂委员会顾问、中国西南民族研究学会顾问、亚非学会理事、中国教育学会理事、云南省民族研究所副所长、云南省民族调查组副组长、云南省文联副主席、云南省历史学会会长、中国史学会理事、云南民族学院顾问等职。1983 年 12 月 24 日逝世于云南昆明,享年 80 岁。1984 年,中共云南省委决定追认方国瑜为中国共产党员。

  方国瑜先生在中国民族史、中国西南边疆史地、云南历史文献、东巴文化等诸多方面,著作等身,成就卓著,贡献巨大,享誉学林,是云南地方史和西南民族史的拓荒者和奠基人,在云南史学发展中占有十分重要的地位,是云南学术史上著名的学者。他把自己的一生都献给了云南边疆史地研究和中国民族史研究,无愧为"南中泰斗,滇史巨擘"。

  方国瑜曾担任云南省边疆行政设计委员会顾问,其主办的《西南边疆》对江应樑创刊在一定程度上产生了影响。一方面,江应樑在《西南边疆》上发表了多篇文章。方国瑜曾向江应樑先生约稿①。《西南边疆》从 1938 年 10 月 27 日在昆明创刊,到 1944 年 6 月停刊,共发行了 18 期,总计发表文章 142 篇。在众多作者当中,江应樑在《西南边疆》发表的文章数跟方国瑜相当,属于发文较多的作者之一。

  另一方面,从《西南边疆》发刊词即可知江应樑创办的《正义报·边疆周刊》受到了方国瑜等人的影响:

    在这全民族对日抗战时期,前方将士的英勇奋战,自然奠定

---

① 娄贵品:《方国瑜与中国西南边疆研究》,人民出版社 2014 年版,第 62 页。

了最后胜利之基；但后方的救亡工作，也是不容忽视的。我们这班从事于文化学术工作的人，鉴于敌人到处破坏我们的文化机关，不容我们不负起加紧推行文化学术工作的责任。……同人等都是特别有兴趣于西南边疆问题的同志，因竭所知，发行这个西南边疆月刊。我们的主要旨趣，即在以学术研究的立场，把西南边疆的一切介绍于国人，期于抗战建国政策的推行上有所贡献①。

《正义报·边疆周刊》的旨趣是为边疆开发进入实践期提供理论支持，为开发和建设边疆作参考，希望实现"由政府的力量，集合若干专家，集中人力物力，使固定在一个边区，政府帮助他们作学术上的考察，学者则供给政府以开边的参考"，这样"当边疆收到开发的成效时，学术上也定必出现不朽的作品"②。方国瑜与江应樑的创刊旨趣异曲同工。

此外，1942年，云南大学筹建西南文化研究室，方国瑜致函校长熊庆来，聘请一批著名学者为西南文化研究室名誉研究员、名誉编辑员和特约编辑员，其中就有江应樑，后其又被聘为特约研究员。江应樑与方国瑜的交往以及在《西南边疆》上发文，后来参与云南大学西南文化研究室的某些工作，都为其创办和主持《正义报·边疆周刊》积累了一定的工作经验。

二、《正义报·边疆周刊》对顾颉刚《益世报·边疆周刊》之承续

《益世报·边疆周刊》与《正义报·边疆周刊》都创刊于抗战时期大量教育机构和学者迁往云南的背景下，二者在很多地方有承续，例如，学术与政治结合、学术为国家服务、学术为抗战服务等。

《益世报·边疆周刊》由时任云南大学史学教授的顾颉刚先生在云南昆明创办。顾颉刚（1893—1980），原名诵坤，字铭坚，江苏苏州人，历史学家。古史辨派代表人物，也是中国历史地理学和民俗学的开创者之一。全面抗战爆发后，顾颉刚先生因创办向民众宣传抗日的通俗读物遭到

---

① 《发刊词》，《西南边疆》创刊号1938年10月。
② 江应樑：《开边已至实行时期》，《正义报·边疆周刊》1943年10月23日第1期。

日军的通缉而离开京城。1937年12月,云南大学校长熊庆来先生想聘请顾颉刚到云南大学任教,但顾先生犹豫不决,到1938年4月才有了去云南的想法。这与他意识到"边疆问题之严重性"及对边疆民族感兴趣有关,云南则为顾颉刚先生进行边疆民族历史研究提供了一个很好的契机,正如他同年6月给朋友的信中所言:

> 将来到滇,拟买一马,日日骑之,用当药饵,且为周历边疆之准备。弟自经此行,对于中国民族史更饶有兴趣[1]。

这表达了他对云南的向往。然而,因家庭原因,顾颉刚先生一直滞留在甘肃,直到7月才决定去云南大学,他在日记中写道:

> 悉吾家已全体南行,父大人返苏,履安到滇,予应云大聘觉矣[2]。

于是,顾颉刚先生9月离开兰州,10月到昆明,即就任云南大学文史系教授。12月,顾颉刚先生当选为云南大学校务会议代表,在云南大学讲授"中国上古史"和"经学史"等课程,并开始在云南进行民族调查研究。同月8日,天津《益世报》在昆明复刊,《益世报》负责人邀请顾颉刚先生主持《边疆周刊》,19日,顾先生创办了《边疆周刊》。

民国时期,采用报纸形式的边疆周刊有六种:一是1930年代至全面抗战爆发前的《华北日报·边疆周刊》;二是1938年12月在昆明复刊的《益世报》,由顾颉刚先生创办了《边疆周刊》;三是1940年至1941年在重庆创办的《益世报·边疆周刊》;四是1942年顾颉刚先生在四川成都创办的《党军日报·边疆周刊》;五是1943年在昆明创办的《正义报·边疆周刊》;六是1948年顾颉刚先生在兰州创办的《和平日报·西北边疆周刊》。其中有四种由顾颉刚先生主持。从创刊时间、顾颉刚和江应樑之交

---

[1] 顾颉刚:《顾颉刚书信集》卷三,中华书局2010年版,第59页。
[2] 顾颉刚:《顾颉刚书信集》卷三,中华书局2010年版,第59页。

往、作者群体，以及从两份《边疆周刊》名称、发刊词等来看，时任云南省边疆行政设计委员会主任的云南大学文史系教授江应樑主办的《正义报·边疆周刊》受到了《益世报·边疆周刊》的影响，二者之间有延续关系。

顾颉刚

《益世报·边疆周刊》创办于 1938 年 12 月，是顾颉刚先生创办的第一个边疆问题研究刊物，为云南提供了一个边疆研究的学术平台，其创办也很可能与方国瑜先生等人发行的《西南边疆》有关。《益世报·边疆周刊》自 1938 年 12 月 19 日刊出第 1 期，至 1939 年 6 月 26 日停刊，共发行了 27 期。

顾颉刚与江应樑早有交往，且二人都先后任教云南大学文史系，江应樑在《益世报·边疆周刊》上发表了很多文章，讲述了云南边疆民族地区的情况，如《今日的云南人》等。江应樑在发表相关文章时，必然受到该

刊的影响。而且顾颉刚和江应樑之间并不仅仅是主编与作者的关系。1938年，江应樑到路南（今石林）调查撒尼人，写成《路南的撒尼人》，并将该书稿交给顾颉刚先生，由其推荐给齐鲁大学国学研究所，准备以丛书之一出版。1940年，江应樑未随中山大学返回广东，而是留在云南，因当时法币贬值，中山大学发的工资无法维持生活。江应樑进入大凉山调查彝族社会的计划没有经费支持，恰在这时，他得到了顾颉刚先生的帮助，"他为我筹集考察费，并协助寻找进入大凉山的道路"①。顾颉刚先生介绍四川省博物馆馆长资助江应樑2000元，然后又写信给在与凉山毗邻的马边县任抗建垦殖设社长的熟人黄自强，请黄先生设法让江应樑进入凉山彝区。由上，足见两人的关系匪浅，亦可见江应樑受顾颉刚之影响。因此，江应樑在创办和主持《正义报·边疆周刊》时，借鉴《益世报·边疆周刊》的经验则是顺理成章之事。

除了两人的私人关系外，他们在研究领域和学术旨趣上也是高度相似的，这就使两人办《边疆周刊》的思路和逻辑有很大重合。《益世报·边疆周刊》办刊缘由和目的，顾颉刚在《益世报·边疆周刊》的《发刊词》中说得很明白，他编《边疆周刊》"并不是凑热闹，为的是想供应现时代的需要"，"是要使一般人对于自己的边疆得到些认识，要使学者们刻刻不忘我们的民族史和疆域史，要使企业家肯向边疆的生产事业投资，要使有志的青年敢到边疆去作冒险的考察，要把边疆的情势尽量贡献给政府而请政府确立边疆政策，更要促进边疆同胞和内地同胞的精诚合作的运动，并共同抵御野心国家的侵略，直到中华民国的全部笼罩在一个政权之下，边疆也成了中原而后歇手"②。顾颉刚的发刊词是在呐喊，在呼喊，要国人重视边疆，要向边疆走去，去开发边疆，使边疆成为中原一样，"共同抵御野心国家的侵略"，实现国家的统一和富强。

顾颉刚办《边疆周刊》的旨趣和呐喊，被江应樑主持的《正义报·边疆周刊》所继承，并且由边疆理论研究转向了边疆实践开发。江应樑在发刊词中就提道："自抗战以来，由于事实上的急切需要，边疆的开发，实

---

① 江应樑：《自传》，载《江应樑民族研究文集》，民族出版社1992年版，第561页。
② 《发刊词》，《益世报·边疆周刊》1938年12月19日第1期。

应由理论时期,跨入实行时期了。"① 为何江应樑先生提出西南边疆的开发应跨入实行时期?除了形势所需外,更重要的是方国瑜、江应樑等云南大学教授对西南边疆的考察和研究取得了一定的成果。此外,顾颉刚的《益世报·边疆周刊》对西南边疆研究成果刊发的文章经常被《中央日报》等转载,在国内外产生了不小的影响。如上述,江应樑创办《边疆周刊》的主旨与顾颉刚创办《边疆周刊》的主旨有异曲同工之处。此外,《正义报·边疆周刊》在1943年12月第8期刊登了一篇《到边疆去》的宣言,号召国民到边疆去,建设边疆,去边疆耕耘,去成就建设边疆的伟大事业②。这与顾颉刚的呐喊是一致的。

当然,顾颉刚对江应樑的《正义报·边疆周刊》的影响,不仅表现在创刊上,还表现在江应樑设立的特定专栏上,是为了应顾颉刚关于相关内容的征集。顾颉刚在重庆时,希望振兴中国民俗学研究,与其他人主编《风物志集刊》。江应樑当时主持《边疆周刊》,他接到顾颉刚通知后,"触发旧癖,信手写下几则边地流行的原始传说"③,根据顾颉刚的呼吁,策划了"边民原始传说特辑",先后刊登了《边民原始传说特辑》《拿喜人的传说》《海南岛黎人的传说》《巴布凉山的传说》《僰人的历史传说》《栗粟的传说》《瑶人的传说》等。这些传说的文章大都是没有文字记录的口耳相传的传说,是为了响应顾颉刚在重庆收集"风物志"的号召。

顾颉刚的《益世报·边疆周刊》办刊风格和刊登文章风格,也有很多被江应樑的《正义报·边疆周刊》所继承。《益世报·边疆周刊》是当时中国边疆学术研究的重镇,很多边疆研究的重要学者都在上面刊载文章,为国人了解边疆情况提供了一个非常重要的窗口,并为后来江应樑创办的《正义报·边疆周刊》做出了开创性的贡献。《益世报·边疆周刊》发表的文章主要内容包括:第一,对中国边疆时事的关注。例如,对当时关系中国抗战命运的"滇缅铁路"的讨论,开设了"滇缅铁路线问题专号"。第

---

① 江应樑:《开边已至实行时期》,《正义报·边疆周刊》1944年10月23日第1期。
② 王文萱:《到边疆去》,《正义报·边疆周刊》1943年12月11日第8期。
③ 江应樑:《边民原始传说特辑》,《正义报·边疆周刊》1943年12月4日第7期。

二，对云南边疆民族社会历史的研究。相关研究主要是楚图南、方国瑜和江应樑等学者的文章，特别是方国瑜、江应樑等人的研究对云南地方史、云南边疆民族史的发展奠定了基础，这种方式也被《正义报·边疆周刊》延续。第三，对国内各民族状况进行调查，重视实地考察。《正义报·边疆周刊》也有一样的精髓，每期的"本刊简约"会发表声明："凡关于边疆著作，边疆考察游记，边民生活纪实，边政改革意见，均欢迎投登"。第四，关于边疆民族理论的研究。最著名的就是"中华民族是一个"的讨论。

《益世报·边疆周刊》的以上内容对江应樑主持编发《正义报·边疆周刊》有很多启迪，很多理念被江应樑继承。这在很大程度上是因为江应樑在研究领域和学术旨趣上与顾颉刚先生有很多一致之处，两个刊物都是在云南，都为抗战建国服务，都主张中华民族团结一致对外，使得两个刊物的内容和风格上有很多相似之处。两个刊物比如关注的主要是西南边疆、重视社会调查、重视最新边疆研究学术动态等，堪称"抗战时期边疆研究的双子星座"①。

第二节　江应樑主持《正义报·边疆周刊》

一、陆崇仁支持创办《正义报·边疆周刊》

《正义报·边疆周刊》由云南省政府主导，前期由江应樑主持编辑刊发。江应樑有创办之功，他通过《正义报·边疆周刊》阐发了自己对西南边疆研究和开发建设的看法，提出了边疆研究和开发应将政治和学术相结合的观点。在讲江应樑如何主持编辑刊发《正义报·边疆周刊》前，需要先了解一下《正义报·边疆周刊》创刊的过程。有人会问，《边疆周刊》为何要在《正义报》上借用报纸的形式出刊呢？一方面因为报纸周刊发行周期短，传播范围广，受众人数众多，在传播广度、宽度上是期刊不能比

---

① 谷彦梅：《"衙门里的学术机关"——云南省边疆行政设计委员会及其边政工作研究》，博士学位论文，云南大学，2016年。

拟的，也可以节省很多人力物力。另一方面，选择《正义报》还与《正义报》的背后股东和性质有关。《正义报》是 1943 年 10 月 1 日在昆明发行的一份民办商业报纸，是抗战时期的产物，1949 年 9 月 9 日曾被国民党查封，12 月 9 日云南起义后复刊，1953 年终刊，前后办了 10 年，在云南很有影响力，读者比《中央日报》《民国日报》的多①。这份报纸背后的股东是当时云南省民政厅厅长陆崇仁系统。

陆崇仁

陆崇仁，1887 年生，字子安，昭通巧家县人，彝族，在云南执掌财政厅 14 年，被称为民国时期云南的财神爷。陆崇仁本不姓陆，"以入赘于巧

① 钱思一：《正义报始末》，载《昆明文史资料选辑》第 7 辑，1985 年。

家女土目陆卢氏家而姓陆也"，其长相貌不惊人，但"胸中却弥满经纶"，"善于聚敛"，"更善于利用小人"①。民国初年，陆崇仁巧家中学毕业后，考入云南政法学校，毕业后回到昭通镇雄县任承审员。1920 年，陆崇仁当选云南省议会议员。在昆期间，他经时任滇军工兵营长的巧家县人袁昌荣介绍，与龙云相识，后彼此来往密切，他的人生轨迹发生了彻底改变，成为龙云的心腹，历任滇军第 5 军军法官、寻甸县长、军法处长等职。1927年龙云执掌云南政权后，陆崇仁得到了升迁，先任富滇银行会办，后任云南财政厅厅长。1940 年任财政部云南区税务局局长，后任云南省政府委员兼民政厅厅长等职。龙云下台后，陆崇仁受到弹劾，被迫离开昆明，先移居上海，后逃往香港，以教书为业，1951 年去世。

《边疆周刊》在《正义报》上刊出，还与云南省边疆行政设计委员会是由时任云南省民政厅厅长陆崇仁发起成立，且隶属于云南省民政厅有关。《边疆周刊》也是云南省民政厅下属机构云南省边疆行政设计委员会出刊，二者同属于陆崇仁系统。《正义报》创刊初期的主要负责人李其诚也被云南省边疆行政设计委员会聘请为委员，这些人事关系就使得《边疆周刊》借用《正义报》刊出成了顺理成章之事。当然还有其他原因，比如出于政治、经费保障等方便考虑。

二、江应樑编发《正义报·边疆周刊》

《边疆周刊》借《正义报》出刊，在第 4 版，但有半版是广告，故《边疆周刊》其实只占《正义报》半版的版面，故每期刊载的文章有限。此外，《边疆周刊》的印刷、发行等都由《正义报》负责，从 1943 年 10 月 23 日刊出第 1 期，至 1944 年 12 月 27 日刊出第 58 期，总计 58 期，共刊载文章 149 篇，基本维持每周 1 期。其中，有几期因为护国纪念和元旦特刊等原因而延迟。从 1943 年 10 月至 1944 年 10 月，《正义报·边疆周刊》由江应樑负责，来稿也由江应樑审核，稿酬也是云南省边疆行政设计委员会支付，都不由《正义报》负责，稿源等具有相对独立性。

---

① 罗养儒著，李春龙整理：《纪我所知集——云南掌故全本》，云南人民出版社 2015 年版，第 474 - 475 页。

《边疆周刊》在第 58 期后就停刊了。《正义报》的函告称:"为维持报社收支平衡,边疆周刊暂停。"① 因为《正义报》办刊是为工商界服务的,是一份商业报纸,而《边疆周刊》的内容与其初衷不符,而且就在这时,曾在云南省边疆行政设计委员会任职的《正义报》负责人李其诚等离开,发生了人事变动。加之 1944 年 10 月后,江应樑不再主持《边疆周刊》,而《边疆周刊》又是由江应樑一手创办的,其稿件大都是江应樑依靠自己的社会关系而获得,随着江应樑的离开,《边疆周刊》就失去了热心于编辑和刊发的核心力量,因此,《边疆周刊》在多种因素作用下暂停刊,但这一暂停却成了绝唱,不禁令人唏嘘。

江应樑主持《边疆周刊》的创刊及编发工作时,有自己的创刊宗旨和想法。江应樑在《开边已至实行时期》中阐发了云南省边疆行政设计委员会创办《边疆周刊》的目的。首先,江应樑对抗战以来云南大后方边疆研究的成绩和状况做了总结,边疆研究受到了高度重视。因此,抗战建国之际,云南边疆研究虽然预期研究水平还有待提高,但边疆开发的时机已经成熟,故而需要有一个刊物展现为了边疆开发提供前期考察研究的成果,作为云南边疆开发的参考。其次,又因为江应樑是学者,他希望将学术研究和云南省政府的边疆开发措相结合,使两方面都能取得成就。这些方面,不仅是《边疆周刊》创办的主旨,也是江应樑到云南省边疆行政设计委员会任职的初衷。

《边疆周刊》是江应樑任云南省边疆行政设计委员会主任时就有的计划,他为该刊付出了巨大心血和努力,也深刻地影响了该刊的风格。《边疆周刊》的出版,几乎每一篇文章都是由江应樑亲自编辑和决定是否刊出的,他会在很多文章前加按语,表明他刊发这篇文章的理由或自己对文章的理解。他对每篇文章的用心程度由此可见。除了编辑来稿,江应樑还亲自撰写了大量文章刊载在《边疆周刊》上。爬梳《边疆周刊》发表的文章作者群发现,仅江应樑一个人就以江应樑或伯鑫之名,发表了 26 篇文章,文章篇名和刊发期次、时间,详见下表:

---

① 云南省档案馆编:《民国时期西南边疆档案资料汇编·云南卷》第三十六卷,社会科学文献出版社 2013 年版,第 324 页。

江应樑在《正义报·边疆周刊》发表文章汇总表

序号	篇名	期次	时间
1	开边已至实行时期	第1期	1943年10月10日
2	由名词发生的误解	第5期	1934年11月20日
3	由名词发生的误解（续）	第6期	1943年11月27日
4	立向斜阳说孔明	第6期	1943年11月27日
5	边民原始传说特辑	第7期	1943年12月4日
6	西南夷的贡	第17期	1944年2月26日
7	屯田制度与云南之开化	第18期	1944年3月4日
8	云南用贝考（上）	第20期	1944年3月18日
9	云南用贝考（中）	第21期	1944年3月25日
10	云南用贝考（下）	第22期	1944年4月12日
11	序爨文边民常识读本	第25期	1944年5月3日
12	经略边疆的云南先贤杨一清先生	第32期	1944年6月28日
13	凉山散记	第35期	1944年7月19日
14	凉山散记	第36期	1944年7月26日
15	凉山散记（续）	第37期	1944年8月2日
16	凉山散记（续）	第38期	1944年8月9日
17	凉山散记（续）	第39期	1944年8月16日
18	凉山散记（续）	第40期	1944年8月23日
19	凉山散记（续）	第41期	1944年8月30日
20	凉山散记（续）	第42期	1944年9月6日
21	凉山散记（续）	第44期	1944年9月20日
22	凉山散记（续）	第45期	1944年9月28日
23	凉山散记（续）	第47期	1944年10月11日
24	论"泛泰族主义"	第48期	1944年10月18日
25	凉山散记（续）	第48期	1944年10月18日
26	凉山散记（续）	第52期	1944年11月15日

资料来源：根据《正义报·边疆周刊》（1943年创刊至1944年停刊）署名江应樑的文章整理。

江应樑在《边疆周刊》上刊载的文章，与他的研究区域和田野调查区域密切相关，足见江应樑先生对《边疆周刊》刊物风格影响甚巨。1941年，江应樑在顾颉刚先生介绍下，获得四川省博物馆馆长冯汉骥的2000元资助，前往巴布凉山考察。当时的巴布凉山是与汉族地区隔绝而极封闭和原始的彝族聚居区域，位于云南、四川、西康三省交界处，即今天四川凉山和云南宁蒗一带。进入巴布凉山在当时被认为是极端危险的事，例如，1916年滇军入川，一营退入凉山后，全部被黑彝掳去，成为奴隶娃子。1934年，凉山周边的一个县城数百名学生也被掳去为奴，只身进入凉山地区的危险更不言而喻。是年1月底，江应樑进入了巴布凉山，据江先生回忆，凉山之行的艰辛危险，"殊难笔述"①。江先生由雷波出凉山，北出屏山，经川南，进入云南盐津县，经大关、昭通、威宁和曲靖，7月到昆明。1944年7月开始，江应樑先生将在凉山的经历和田野调查，以《凉山散记》或《凉山散记（续）》为标题，自第35期起在《边疆周刊》刊出，按散记前后顺序，以（一）（二）……（三十一）等形式分期登载，共13期。

江应樑除了刊登自己的研究成果外，对《正义报·边疆周刊》的内容和风格也产生了深刻的影响。《正义报·边疆周刊》共149篇文章，在每期"本刊简约"的征稿启事中对征稿范围做如下要求："凡关于边疆著作，边地考察游记，边民生活纪实，边政改革意见，均欢迎投登。"只是因印刷问题，很多时候，字句颠倒。当然《正义报·边疆周刊》并不是完全按"本刊简约"的范围刊登文章，但大都与边疆有关，广泛涉及当时边疆及边疆研究的热点问题，如江应樑自己批驳的"泛泰主义"②、汉夷关系、边疆开发和建设、滇缅战场中的滇西边区情况、中国边疆问题研究会相关情况等。

江应樑主持《正义报·边疆周刊》期间，刊登的文章内容，主要有两

---

① 江晓林：《江应樑传》，广西师范大学出版社2005年版，第100页。
② 又称泛泰族主义，是20世纪初（尤其二战期间），主要在暹罗兴起的一股泛民族主义思潮，该思潮认为泰国人、老挝人、缅甸掸人、印度阿萨姆邦阿洪人以及中国傣族等都是所谓的"泛泰民族"，试图以泰国为核心，统一这些民族，建立"大东亚泰族联邦"。这种思潮现在仍不时出现。

类：一类是介绍边疆的文章，另一类是批驳泛泰族主义等极端民族思潮。

边疆研究方面的文章是江应樑编发最常见的文章，主要来自云南省边疆行政设计委员会在云南边疆各地开展调查研究的调查报告，当然也有一些是对云南以外的边区情况进行介绍，如西藏、新疆等地，但云南边疆的调查报告占绝大多数。调查报告涉及的有傣族、傈僳族、藏族、景颇族、怒族、彝族、纳西族、瑶族、黎族等民族。这些报告的内容涉及边疆地理环境、社会风俗、宗教文化、语言、历史、政治制度（土司制度）和社会现实情况等方面。具体而言，又可分为：

第一，边疆地区情况介绍。最重要的是上文所述，江应樑自己到凉山调查，将田野调查所获，分13期刊登在《正义报·边疆周刊》上。此外，他还编发了《雷马屏峨沐垦区自然经济状况概述》《一个边疆垦殖区》等文章，向国人介绍凉山情况。关于凉山地区情况的文章，占《正义报·边疆周刊》所有文章的十分之一还多。除了凉山，江应樑还编发了很多介绍腾龙边区情况的文章，有《怀芒市摆夷》《忆畹町》《腾龙边区公路沿线地形调查》《腾龙边区沦陷后之人民生活概况》《关于边疆宣慰团》等，这些文章展现了对滇缅战区沦陷人民的关怀，对祖国大好河山沦为日寇之手的愤慨，期盼早日收复失地，解除边疆危机的愿望。

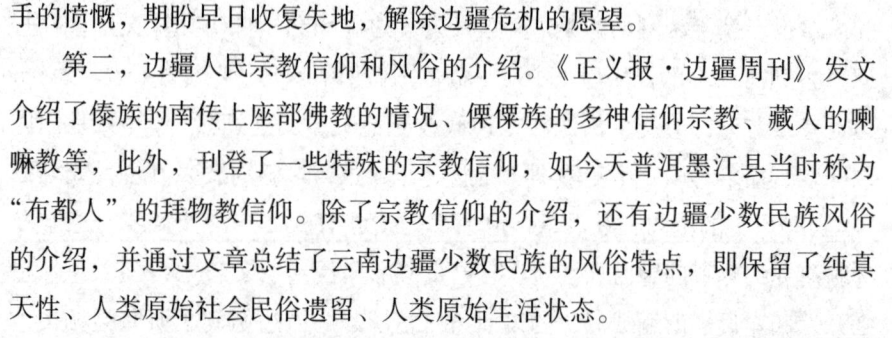

第二，边疆人民宗教信仰和风俗的介绍。《正义报·边疆周刊》发文介绍了傣族的南传上座部佛教的情况、傈僳族的多神信仰宗教、藏人的喇嘛教等，此外，刊登了一些特殊的宗教信仰，如今天普洱墨江县当时称为"布都人"的拜物教信仰。除了宗教信仰的介绍，还有边疆少数民族风俗的介绍，并通过文章总结了云南边疆少数民族的风俗特点，即保留了纯真天性、人类原始社会民俗遗留、人类原始生活状态。

第三，边区政治制度和社会状况的介绍。首先是边疆地区政治制度。江应樑是研究云南土司制度的先驱和专家，他在云南调查时就开始关注土司和土官。在他主持《正义报·边疆周刊》期间，通过编发文章，对云南土司情况做了介绍和研究。《云南西北边区土司概况》对云南西北边区的土司源流、设置和制度发展等做了介绍，总结了云南土司制度的特点。《打洛土司小赕缅寺观礼记》连载4期，对车里土司在西双版纳打洛进行佛教信仰仪式做了调查和研究。《前车里宣慰司宣慰使刀承恩事略》对车

里土司刀承恩的人生及相关时间做了介绍。《车里志略》讨论了车里宣慰司的情况。其次是关于边疆社会现状的介绍。如对滇南农村情况的介绍，有《广南农村现状》，记录了广南县农村人民的生活情况："今春笔者曾到广南考察，实地深入农村，见到十分之八以上的农民挣扎在饥饿线上：一部分流为土匪，一部分吃草根树皮生活，一部分逃往异地，另一部分无处可逃的只好过借高利贷的生活。所以笔者住广南三月期间，关于烧杀抢掠的消息，层见叠出，弄得人心惶惶，社会不安！"对滇西情况的介绍，有《腾龙边区沦陷后之人民生活概况》，记录了腾龙边区沦陷后的土地和人民生活情况："在沦陷区内之人民，生命财产毫无保障，生杀予夺，全听敌人之喜怒，人民生命，视如草芥，在暴敌淫威下之人民，其生活现象，惨不忍睹，正如人间地狱，人民身体，直等于无灵魂之躯壳耳……腾龙各地，自沦陷后，教育完全停顿"。

第四，关于边疆开发建设的探讨。江应樑在《正义报·边疆周刊》第1期便刊文《开边已至实行时期》就对如何进行云南边疆开发和建设有了总体规划，即从边民同化和经济开发入手。如何同化边民，他认为："其成功的动力完全建于政治上"。经济开发，以边民生活为前提，不能掠夺边民，而是让边民以生产为原则。"政治、经济、学术之合并动员，为开边之基本原则。"他还编发了关于边疆政治和经济建设的一些文章，如《边官训练问题》，对边官训练提出了系统的阐述，包括选拔和训练办法；《如何发展边疆党务》则是讨论发展边疆党务，实现地方自治，奠定统治基础，并对如何发展边疆党务提出了看法。至于如何发展边疆经济，《正义报·边疆周刊》也刊出了很多文章，如《西南边区农业建设刍议》，就对西南边疆农业发展提出了建议，提出应在宁洱或思茅境内设立"边区农垦局"，负责筹设各县的实验农场，每个县还要在中心区域设立农场示范指导，还详细列出了边区农垦局的组织架构。

第五，关于边疆教育问题。边疆开发的基础是教育，江应樑很早就关注了边疆教育问题，曾写过《云南西部之边疆夷民教育》等文章，因此，他主持编发《正义报·边疆周刊》期间，也刊登了边疆教育的相关研究文章，主要是《评"云南边疆教育问题与计划"》和《边区视学记》两个专题。章育才的《评"云南边疆教育问题与计划"》对如何办好边疆教育提

出了重要建议。作者曾任大理师范学校首任教务主任，写这篇文章时，他已经在云南西部从事边疆教育很多年，对云南边疆教育有深刻的体会和认识。作者评介了《云南边疆教育问题与计划》一书，并提出了自己对边疆教育的一些看法。《边区视学记》则通过到边区的考察，主要讲述了云南边疆教育的现实状况和存在的问题。

第六，边疆人物和边疆民族、经济研究。《正义报·边疆周刊》关于人物研究的文章主要有江应樑的《经略边疆的云南先贤杨一清先生》，徐世锜的《柯树勋开边事略》《前车里宣慰司宣慰使刀承恩事略》等3篇，选择刊登人物研究，不是无目的，而是有目的的，是为了从历史中寻找治边经验教训，有助于开发和建设边疆。边疆民族问题研究则相对较多，近20篇。除文章《中国南方民族的来源》外，其他全部文章都与云南地区的民族、人物和经济等问题研究有关。作者也主要以云南籍学者为主，如江应樑、方国瑜等。

还有关于宣扬爱国主义和从维护国家主权、领土完整的立场批判"泛泰族主义"等极端民族思潮，最重要的是对泛泰主义的批判。

1944年10月18日《边疆周刊》第48期刊载了江应樑先生的《论"泛泰族主义"》一文，这不仅体现了他的研究区域，也展现了他对"泛泰主义"分裂国家的警惕和强烈的爱国主义精神。在江应樑先生还是中山大学研究生时，就曾到云南傣族聚居区考察。1937年9月，他又到云南傣族主要聚居区腾龙沿边地区进行考察。这次考察遍及南甸、干崖、陇川、芒市、猛卯、遮放、盏达等土司区，他几乎走完了滇西傣族土司地区，系统地考察了傣族的生态环境、政治经济、宗教文化、生计生活等。1938年底，江应樑又在政府邀请下，再次到腾龙沿边进行调查，对沿途的民族、教育、卫生、经济、物产等做了调查，这些调查使得江先生对傣族的社会历史文化有了深刻的认知，并发现当时腾龙沿边傣族对民国政府缺乏认同。

1939年5月23日，暹罗各报纸刊登了暹罗国务院将国名暹罗改为泰的消息。这是暹罗政府在日本帝国主义的唆使下，改国名为泰国，史称

"暹罗改泰"，其目的是"彻底同化华侨""提倡大泰族主义"①，对中国有明显的领土要求，发出了侵略中国傣族地区的信号，对中国西南边疆抗战大后方造成了严重威胁，"这种大泰族主义言行引起了处在艰难抗战中的重庆国民政府、西南地方政府及中国知识界的警惕，引发了我国政府及知识界对边疆问题、民族问题的反思"②，引起了国民政府和社会各界的关注和批判。江应樑先生利用《边疆周刊》发起了对傣族问题和"泛泰主义"的讨论，他约请自己的学生葛治伦写了一篇《暹罗史中所记载之云南境内的泰族》的文章，刊登在《边疆周刊》第12期上，江先生还特意写了一段很长且具有学术性和说服力的"编者语"：

> 几年前当暹罗改国号为泰时，其政府曾发告人民书，中有云：在中国居留之泰族，与汉族比较疏远，一部分应划定特别区域，不受任何地方统制。当时国人皆知暹罗之改国号，为一有计划之阴谋，而其阴谋大体受日人之策动。盖散居中国西南边疆之摆夷，亦即tai，与暹罗民族在血统上有渊源，敌人便拟由此一民族见解上挑拨我边民，不知我中华民族……乃一复杂宗族之大混合体，经五千年至融合，实已无你我之分别，彼泰国在昔本我藩属，且曾为我闽粤侨民所统治，彼欲以泛泰主义的宣传，拉拢我边民，我亦未始不可根据历史命告其国人曰："泰族本为中国古代之一宗族，与中华民族血统关系极深，当兹民族大团结之时，彼泰人自应回归祖国怀抱，实不应再叛亲投贼也"。……国人读之，当有所警惕而不致再漠视边疆问题。——应樑③。

除了"编者语"，江应樑还基于自己的田野调查和研究，撰写专文发表在《边疆周刊》上，批判"泛泰族主义"：

---

① 吴逸生：《暹罗改国名曰"泰"》，《现实》1939年第2期，第125页。
② 王连浩、陈勇：《抗战时期国民政府及知识界对大泰族主义之回应》，《南京大学学报（哲学人文学科·社会科学版）》2012年第3期。
③ 葛治伦：《暹罗史中所记载之云南境内的泰族》，《正义报·边疆周刊》1944年1月22日第12期。

十余年前，暹罗改国名曰泰，并公开宣称"暹罗为泰族所建之国家，凡属泰人，皆应归属于泰国，凡泰人所居土地，皆应为泰国土地"。当时曾引起国际间一度的注视，我国人士，亦多曾加以论列。一般的看法，都认为这完全是日本的阴谋其用意不外是说，今日居住于缅甸、越南即云南演变之掸人或台人或僰夷，都属泰族，都应在泛泰族主义的口号下合并为一个大国。此种阴谋，不可谓不险恶，……一度狂吠以后，也并未发生若何作用，国人对暹罗何以要改名泰国，也渐就漠然视之，顷据边地归来人士谈，敌人在沿边，近又大唱泛泰族主义，把"同是泰人，应常联合来"的谬论，蛊惑同胞。则十余年前敌人的狂吠，毅然野心未死，阴谋犹存，我们也便不能不旧事重提，加以论列，用正视听，并未我边胞接触疑虑①。

江先生除在第一段呼吁国人警惕"泛泰族主义"外，还从历史事实出发，利用大量史料，对大泰族主义侵略言行予以有力驳斥，体现了江应樑的边疆研究始终以维护国家统一和主权完整为己任。他的这种边疆民族研究的精神，成为云南大学边疆民族研究的传统，深深地影响了云南大学历史学的发展。

第三节　《正义报·边疆周刊》作者群与云大史学

《正义报·边疆周刊》作者群中的云大人，并不局限于他们在《边疆周刊》发表文章时是否在云南大学任职，而是以他们一生中是否曾在云南大学就读或工作为标准。这些云大人中，很多成了著名的史学者，既开创了云南大学史学研究注重社会调查和为现实服务的传统，又开创了云南大学史学研究重视家国情怀意识培养的传统。如西南边疆史、土司制度史、历史地理、中国民族史和经济史等领域，现在仍在全国有很大的影响力。

---

① 江应樑：《论"泛泰族主义"》，《正义报·边疆周刊》1944年10月18日第48期。

这一切与江应樑、顾颉刚和方国瑜等云大人创办的刊物有密切的关系，在云南大学历史学发展中起了重要作用，在某种程度上，推动了云南大学历史学研究向新的阶段发展。

江应樑等学者开创了云南大学史学注重社会调查和跨学科实践的研究传统，体现了近代中国边疆研究为现实服务的特色。《正义报·边疆周刊》就对此做了很好的诠释，也折射出江应樑对社会调查和跨学科研究的重视，这为云南大学历史学研究注重田野调查和跨学科研究奠定了基础，其影响深远。可以说，云南大学西南边疆民族研究发展到现在，其民族学、民族史的繁荣发展，都绕不开江应樑和他创办的《正义报·边疆周刊》。

江应樑在《正义报·边疆周刊》创刊词里就提到学术与调查相结合，将学术研究与国家建设相结合，将学术研究成果运用于边疆开发与建设之中。他不仅呼吁，而且亲自实践。他1940年到大小凉山调查。这一举动，是继杨成志等人后，下定决心，抱着随时牺牲的精神，最后到达凉山的去探险的学者。他深入不毛之地，埋头苦干，有丰富的实地考察经验。他将田野调查的内容以《凉山散记》为题，在《正义报·边疆周刊》上发表。他在编发该刊时，特别注重对西南边疆地区情况的介绍，内容涉及边疆地区的历史、地理、宗教文化和民族等，几乎涉及边疆民众生活的方方面面。这些情况的搜集，必须靠大量的田野调查，只有通过实地调查才能写出来，而且很多云南边疆的情况，都是由该刊首次介绍给国人的。这种实地调查，不仅是学术的需要，也是云南省边疆行政设计委员会进行边疆开发和建设的前提，江应樑将他的人类学、民族学的研究方法与边疆开发建设相结合，使得其研究与传统边疆史地的研究差别很大，开创了云南大学西南边疆史地研究跨学科方法、理论与实践相结合的研究传统。江应樑编发大量社会调查研究文章，为云南大学乃至国内外史学研究提供了大量研究资料，拓展了中国西南边疆研究的深度和广度。

除了学术和政治相结合，江应樑还利用《正义报·边疆周刊》开创了云南大学历史学研究学术性与通俗性相结合的传统。江应樑在编发该刊时，十分注重其学术性，力图使其成为学术交流平台，但同时他还兼顾大众的兴趣和特点，因为很多《正义报·边疆周刊》的读者都是平民，他们的知识水平和阅读需求决定了他们对学术不懂也不感兴趣，他们对边疆的

兴趣，需要以通俗性的方式展现。因此，他在编发一些文章时，也注重其通俗性，很好地完成了对民众边疆知识的普及。

方国瑜，云南大学教授，他穷尽毕生心血致力于中国西南边疆史地研究。他的《中国西南历史地理考释》更是被誉为"西南历史地理的奠基之作"。他在《正义报·边疆周刊》发表过文章3篇：《嘎鸠誓江碑考》《蛮莫威远营誓公碑跋》《云南贝之来源并略论古代云南对外贸易》。这3篇文章中，有2篇是讨论明朝与缅甸关系的重要文献，对研究西南历史地理、土司制度史、云南民族史和国际关系史都有重要参考价值。这2篇文章也反映出方国瑜先生强烈的救国意识和爱国主义情怀。方先生考察位于今天缅甸的蛮莫等地的碑刻，其目的不仅仅是学术研究，更重要的是为中英滇缅界务问题提供参考，提醒国人注意西南边疆的边界纠纷问题，驳斥了西方学者试图分裂中国的企图。他将学术研究与国家利益相结合，使云南大学历史学研究形成了自觉维护国家统一、坚强边疆建设、促进民族团结的优良传统。《云南贝之来源并略论古代云南对外贸易》一文，是较早研究云南经济史的文章，有了全球史研究的味道，并且强调了云南在中国历史上，乃至全球史上的重要作用，为云南大学经济史研究打下了基础。

除了江应樑和方国瑜，《正义报·边疆周刊》的作者还有与云南大学有关系的，如杨绩彦、彭桂萼等。杨绩彦，1913年出生，云南大理剑川人，1944年到剑川中学任校长，1948年8月入职云南大学，任农学院事务员[1]。他在《正义报·边疆周刊》发文4篇，分别是《边官训练问题》《开发思普沿边刍议》《如何发展边疆党务》[2]。可见，杨绩彦的文章主要是关于政治和边疆开发问题的。

彭桂萼（1908—1952），字小圃，笔名震声、丁屹（乙）、长戈、号兵、彭鹏等，云南省临沧市临翔区昔本新村人，是边疆教育实践家，投身边疆教育近20年，被誉为"澜沧江畔的歌者"。他1927年到昆明求学，考入云南省立第一中学。1929年考入云南大学（私立东陆大学）预科班，写了《请求东陆大学校长董泽准予投考预科一学年二学期插班呈文》，获

---

[1] 云南大学、云南省档案馆编：《教职员卷1922年—1949年》，云南民族出版社2008年版，第150页。

[2] 《如何发展边疆党务》共2篇，连载在《正义报·边疆周刊》第19、20期。

董泽特批，批准他报考预科，被录取在预科理科班。在云南大学学习期间，他不断吸收进步思想，师从云南大学文史系教授楚图南、李生庄等人学习文史知识。在云南大学求学时，受到云南大学教授的影响，他开始关注国家的前途和命运。1931年预科毕业后，因家庭拮据，他返回缅宁工作。他未因返回家乡而放弃关注边疆研究，反而对边疆问题有了更深的了解和认识。在抗战期间，他以笔名丁乙在《正义报·边疆周刊》发表文章2篇，都是关于云南历史和文化现象的研究，对研究云南地方史、西南边疆史和云南民族文化都具有较高的学术价值。这体现出他对云南历史和边疆文化的重视。彭桂萼能取得这样的成绩，与他在云南大学接受的文史教育分不开。

彭桂萼

《正义报·边疆周刊》在近代云南边疆研究学术史上有重要的学术价值和现实意义，对云南大学西南边疆学术史研究的意义不应被忽视。该刊可以被认为是，在云南大学教授方国瑜主持《西南边疆》杂志和任云南大

彭桂萼笔迹

> 做军装
>
> 小姑娘，
> 低头做军装，
> 快快做，
> 寄前方
> 寄给哪个？
> 寄给兵将！
> 穿起暖暖
> 好打东洋

学教授时的顾颉刚先生创办的《益世报·边疆周刊》之后，在云南昆明创办的一个研究西南边疆问题的重要学术平台。1939年，随着顾颉刚先生离开云南大学，《益世报·边疆周刊》发行27期后在昆明停刊。1941年《西南边疆》在昆明出版12期后，转移到了四川成都出版。此后直至1943年10月，云南再没有专门研究边疆问题的学术期刊。《正义报·边疆周刊》的创办，使云南重新出现了专门研究边疆问题的阵地，重新延续了云南边疆研究的传统，不仅对云南大学边疆研究产生了影响，对云南边疆研究也都产生了重要影响，在近代边疆研究史上的意义不言而喻，代表着当时云南边疆研究的水平，它的办刊风格和发表的文章，对今天云南大学历史学研究仍有难以替代的参考价值和借鉴意义。

第四章 "新云南"建设：云南边疆开发方案与云大史学

云南省边疆行政设计委员会成立后，便将边疆开发纳入议题之内。然而，如何开发，怎么开发，从何入手，成了首任云南省边疆行政设计委员会主任江应樑等人需要首先思考和解决的问题。在江应樑的主持下，该委员会制定了边疆开发四原则。同时，提出了该委员会将要开展的五项工作。这些原则和工作计划，是江应樑在自己大量田野调查，并深刻理解云南边疆实际的基础上，针对云南边疆工作的利弊制定出来的，有很强的学术性、科学性和实践性。

为方便云南边疆开发和建设得以有效施行，江应樑等又将云南的边疆地区划分为五个大边区，即（1）腾龙边区，包括保山、腾冲、龙陵、梁河、盈江、陇川、瑞丽、莲山、潞西、泸水等10县局；（2）思普边区，包括车里、佛海、六顺、镇越、南峤（以上地今属西双版纳）、江城、思茅、宁洱、景谷、宁江等10个县；（3）缅宁边区，包括昌宁、耿马、缅宁、澜沧、镇康、双江、沧源等7个县；（4）大小凉山边区，包括丽江、兰坪、鹤庆、永胜和宁蒗等5个县；（5）中维德边区，包括中甸、维西、德钦、福贡、贡山、华坪、永胜和宁蒗等8个县[1]。这五个边区，从地理分布来看，大小凉山位于边疆，但因政府对这一地区未设治，由当地部族统治，是一个特殊区域。从文化上讲，这里是华夏文化几乎进不去的地方，是文化上的边疆。如上述，江应樑先生之前对这一地区做了大量详细调查，基于当地的实际情况和自己对边疆的理解，他将大小凉山地区划为边区是科学且恰当的。江应樑等划定边区后，开始按既定计划，分区编写边疆开发方案，共编写了五个边区的边疆方案：《大小凉山开发方案》《腾

---

[1] 戴沐群：《云南沿边各县土民分布今昔比较研究》，云南档案馆藏：1011全宗15卷，1944年，第9页。

龙边区开发方案》《思普沿边开发方案》《中维德边区开发方案》《滇康边区盘夷实况及治理方案》。

第一节 "新云南"建设中的边疆开发

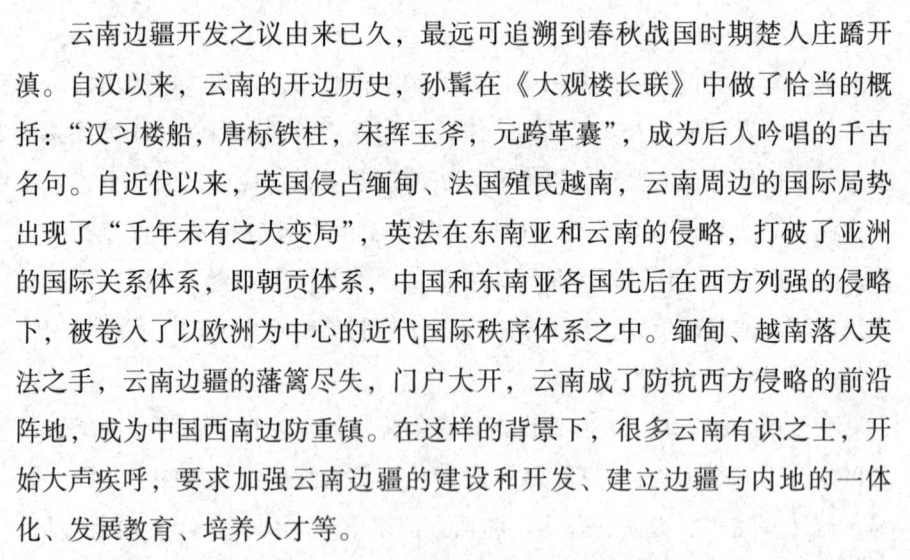

　　云南边疆开发之议由来已久，最远可追溯到春秋战国时期楚人庄蹻开滇。自汉以来，云南的开边历史，孙髯在《大观楼长联》中做了恰当的概括："汉习楼船，唐标铁柱，宋挥玉斧，元跨革囊"，成为后人吟唱的千古名句。自近代以来，英国侵占缅甸、法国殖民越南，云南周边的国际局势出现了"千年未有之大变局"，英法在东南亚和云南的侵略，打破了亚洲的国际关系体系，即朝贡体系，中国和东南亚各国先后在西方列强的侵略下，被卷入了以欧洲为中心的近代国际秩序体系之中。缅甸、越南落入英法之手，云南边疆的藩篱尽失，门户大开，云南成了防抗西方侵略的前沿阵地，成为中国西南边防重镇。在这样的背景下，很多云南有识之士，开始大声疾呼，要求加强云南边疆的建设和开发、建立边疆与内地的一体化、发展教育、培养人才等。

　　清光绪三十四年（1908年），夏瑚在《怒求边隘详情》中提出了治理怒江边地的十条建议：一是宜建设官长，以资分治也；二是宜添兵驻防，以资保卫也；三是宜撤退土司，以苏民困也；四是宜剿抚吉匪，以除民害也；五是宜筹费设学，以广教育也；六是宜治平道路，以通商旅也；七是宜广招开垦，以实边地也；八是宜设关守隘，以清界线也；九是宜改征赋税，以裕经费也；十是宜扶置喇嘛，以顺舆情也。呼吁"版图所载，寸土必争"[①]。

　　1911年辛亥革命爆发，云南发动了"重九起义"，清朝在云南的统治瓦解。李根源率师西进，返回他的故乡腾冲，他从小出生在南甸土司地，他返回后，将其出生地南甸改为九保，归腾冲管辖，提出解决滇西土司的方案：第一，武力改土归流，一劳永逸，派军队到腾冲，将滇西土司召到腾冲，进行阅兵，准备用军队为威慑，进行改土归流。第二，让滇西土司

---

① 夏瑚：《怒求边隘详情》，载中国人民政治协商会议怒江傈僳族自治州委员会文史资料研究组编《怒江文史资料选辑》第五辑《怒江边防斗争历史专集》，1985年。

保留，设置流官机构，如行政委员等，逐步收回土司手中的权力。他在南甸土司地设八撮县佐等机构，收回土司的司法权，然后清查土司户口，开垦荒地，扶持土司地的汉族地主等。1912年4月，蔡锷因云南边地土司"幅员辽阔，兼顾不易，不兼顾则此牵彼动"，"边地多瘴乡，人咸裹足，诸不应手"，且"极边各处，异言异服，骤言治理，适形扞格"，故采取了李根源提出的第二种解决方案，对云南边地土司"取渐进主义，以振兴教育，收揽法权，代清财政为主，济之以平治道路，奖励开垦，试办警察，提倡实业，行之数年，潜移默化，不改之改，收效较易"①。同年7月，思茅厅同知兼副营务处柯树勋向云南省都督府上《治边十二条陈》，提出了全面系统治边举措，内容涉及改土归流、实业、学堂、通商、筹款、官守、诉讼、交涉、国币、邮电、招垦、练兵等。云南省都督府除了将土司改土归流未允外，同意了他的治边举措。故1913年，柯树勋在今天的西双版纳成立了普思沿边行政总局，将他的开发方案付诸实践，对云南的边疆开发和建设产生了重要影响，这也意味着民国云南地方政府对云南边疆开发垦殖的开始。除了云南官员对云南边疆开发的关注，外省人对云南边疆的开发也有所涉及，武汉人王篪贻曾编撰了《经营滇省西南边地议》，该书成为柯树勋治理开发西双版纳的参考，被认为是民国初年第一个系统全面的边疆开发方案。然而，由于云南政局不稳，边疆开发并未进入快速发展阶段。

　　1929年，龙云平定了云南省内各种叛乱，掌握了云南政局，开始专于云南省内建设，他励精图治，制定了具体的治理云南的规划。在他的治理下，云南边疆开发进入了快速发展时期。同年8月，云南省在《云南省政府委员会改组就职宣言》中提出了"三民主义革命建设的新云南"的总体目标。抗战之前，云南省的主要是任务是戡定变乱、休养生息、谋积极之建设等。抗战爆发后，云南省建设"新云南"的措施是"将前所储备者，举而献之国家民族，为争取最后胜利之资"，在云南边疆地区设置了第一、二殖边督办，管辖腾龙沿边和普思沿边地区，制订了《云南所属各土司地

---

① 《为土司事通电》（1912年4月10日），载谢本书《云南辛亥革命资料》，云南人民出版社1981年版，第165页。

方行政建设三年实施方案》，主要内容是在土司地区责成土司举办识字运动，宣传教育，设立简易识字学塾和民国补习学校，修道路，种树，设立初等小学等，从教育入手进行边疆开发。1938年，国民政府制订并通过了《云南施垦计划》和《云南开发之意见》，明确表示云南开发应围绕抗战展开，"不在于谋地方之福利"，应从三方面入手：一是准以民间资本组织公司，办理普通的公路运输；二是允许轻工业民营，奖励和扶植同类手工业；三是同意民间资本组织垦殖公司，开展荒区垦殖和农产事务推广①。1939年，云南省党部执行委员会制订了《云南边地党政教育设施计划》，指出在云南边疆要"坚持民族平等，提倡汉夷通婚，尊重民族信仰，培养边地党务干部，鼓励青年支边，派干练官员巡查边务，增强边民爱国教育，调查边疆地理等"②。1943年，云南省民政厅因云南边疆"未能开发利用，小之足以影响本省政治、经济、文化之向上发展，大之足以妨碍国家民族之团结统一。本省近年来虽曾多致力于开边化民，然无统筹机构及具体方案，收效殊鲜。为促进边疆之开发，俾得早与内地均齐发展暨巩固国防起见"，决定成立云南省边疆行政设计委员会，其目的是网罗专门之人才，拟订云南边疆开发方案，推行边地行政之张本，培养边疆工作干部，助力云南省政府开发建设边疆③。

为了开发云南边地，时人急呼到边地去，当时社会上掀起了研究和开发边疆的浪潮。大批学者前往边地，考察边疆社会和界务，研究边疆民族，提出了很多建议，并写成了书，如1933年《云南边地问题研究》（上、下册）的出版。该书收录了18篇考察报告，对云南边疆开发和建设提供了实地考察和理论支持。1936年，暨南大学教授陈碧笙深入滇缅边疆考察，途经思茅、普洱、澜沧、双江、临沧、腾冲、大理等地，共250多天，行程4000多里，写成《移殖难民试办滇边垦殖计划》《经营滇西南边

---

① 《代序》，载林文勋主编《民国时期云南边疆开发方案汇编》，云南人民出版社2013年版，第6页。
② 张文芝：《抗战时期民国政府对云南边疆民族地区的治理》，《云南档案》2005年第3期。
③ 《云南民政厅边疆行政设计委员会组织规程》，载云南省档案馆编《民国时期西南边疆档案资料汇编·云南卷》第六十六卷，社会科学文献出版社2013年版，第120页。

区之政治军事国防交通计划》《开发云南边地方案》等，就云南边疆开发提出了系统性的观点。1938年，中英滇缅南段界务勘界委员会主任梁宇皋拟订了《为招募海外侨胞资金垦殖云南边地意见书及计划书》《解决滇缅界务悬案暨改进滇西边政方略》《云南迤西边政兴革计划》等，主张利用海外华侨，特别是南洋华侨的资金，开发云南边疆。无论云南省政府还是国民中央政府，亦或各地有识之士的呼吁和规划云南边疆开发的意见都对江应樑的边疆开发方案产生了一定的影响。

第二节　江应樑与《边疆行政人员手册》

边疆开发需要人员，因此，人员的培训和教育至关重要，江应樑等人在编写云南边疆开发方案之前，即着手编写了《边疆行政人员手册》。当然，关于该手册和《大小凉山开发方案》是不是江应樑编写，学界有不同的看法。有人认为，江应樑并未提及编过这两本书[1]，且《大小凉山开发方案》内容过于简略，方案计划相较其他两本，则较为普通，与江应樑1941年冒险进入凉山的经历不符[2]。也有人认为，《边疆行政人员手册》上编"何谓边疆"的内容与陈东的《边疆之特殊性》的内容完全相同，但下编"革新边疆行政的基本要点"与江应樑的边疆开发主张吻合，故认为该手册不是一个人独立完成，而是成于多人之手，江应樑在其中起了重要作用。

《边疆行政人员手册》是《云南省民政厅边政丛刊》中最先刊出的，1944年4月出版，全书分为上、下两编和结语。在这之前，《边疆行政人员手册》初稿已完成，名为《边疆行政官吏手册（初稿）》，初稿中没有陆崇仁的《告边疆行政人员》一文，且是手写体，有很多修改内容和小字，藏于云南省档案馆，现已在《民国时期西南边疆档案资料汇编·云南卷》第61卷中影印刊出[3]。

---

[1]　江应樑曾在《凉山夷族的奴隶制度》中提及自己编写了《大小凉山开发方案》，后详。
[2]　《大小凉山开发方案》是否为江应樑所编，下文会详尽讨论。
[3]　《边疆行政官吏手册（初稿）》，载云南省档案馆编《民国时期西南边疆档案资料汇编·云南卷》第六十一卷，社会科学文献出版社2013年版，第1-75页。

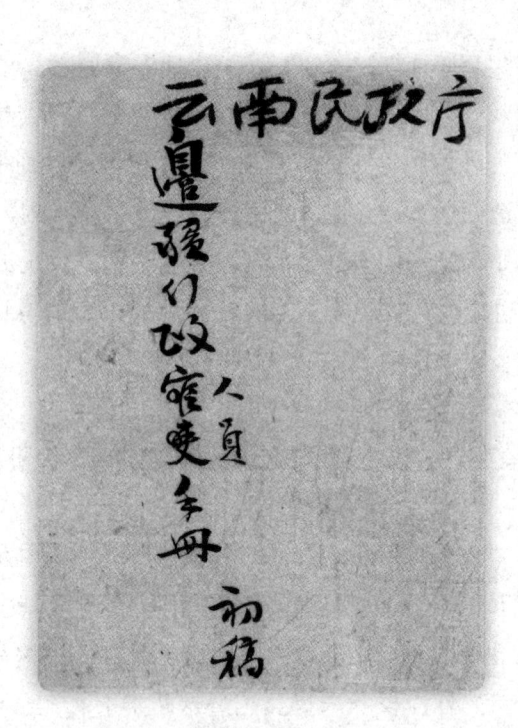

《边疆行政官吏手册（初稿）》封面

《边疆行政官吏手册（初稿）》

其实,《边疆行政官吏手册(初稿)》的最初草稿,早在1942年1月10日即已完成,名为《边疆行政官吏须知(人员)》,原文将"须知"删除,改为"手册"。该档案收录于《民国时期西南边疆档案资料汇编·云南卷》第10卷,命名为《云南省民政厅编〈边地改革方案〉》。仔细查阅该档案发现,编者在收录该档案时,出现了页码混乱的情况,将手稿第1页放在中间的第86页,给人一种"前不着村,后不着店"的感觉,而首页则是手稿第9页,导致该档案因页码编排混乱而不可卒读,由此可知目录之名是编者自己编上,不知何据①。该手稿中还有各种草稿用语,如"照抄原文""见原书"等。仔细阅读对比后发现,该手稿应该是《边疆行政官吏手册(初稿)》的最初草稿。

《边疆行政官吏须知(人员)》

① 《云南省民政厅编〈边地改革方案〉》,载云南省档案馆编:《民国时期西南边疆档案资料汇编·云南卷》第十卷,社会科学文献出版社2013年版,第78—96页。

据此可知,《边疆行政人员手册》并非一人一时所完成的,而是经历了很长时间,进行了多次修改,是云南省官员进行边疆开发的纲领性文件,叙述了云南省边疆情况和边疆行政的要点,江应樑虽是挂名,但他做出了重要贡献。定稿后的手册增加了时任云南省民政厅厅长陆崇仁作的序言《告边疆行政人员》,指出了边疆人民的重要性和边疆开发的中心原则,要求"凡我地方行政人员,贵能触类旁通,利用实地环境,作有利开发之建设","深入民间,实干苦干,庶几十年念年之后,边疆不致再成为问题","实亦国家之福利"[①]。

该手册上编"云南的边疆区域",包括三部分:第一,以"何谓边疆"开篇,讨论了三个问题,即云南边疆的地理环境、住民生活和语言文字。第二,介绍了云南边地的土民,将云南边民分成罗罗系、摆夷系、苗瑶系、西番系和缅越系等五类,主要是云南的土著爨人和摆夷(今傣族),以及由外面移入的苗族、瑶族、西番和缅人、越人,还有根据英国军事情报人员戴维斯在滇缅边疆调查的少数民族语系对边民的语系做的划分,即蒙克语系、掸语系、藏缅语系和汉语系,还介绍了云南边地民族的文字,如爨文、摆夷文、麽些文、苗文等。编者注意到帝国主义国家传教士对边民文字的影响,"这对于国家文化系统上,是一个不应当有的破坏现象",因此,从国家统一的角度而言,边疆开发就是要消灭外国传教士对边民文字等的影响,"使边地与内地成为同一情况的区域"。第三,论述了云南边地土司政治,从云南土司的来历、明清时代的土司、现存土司和土司政治的实情展开,土司政治是云南边疆行政开发的一个无法避免且独具特色的问题,故土司情况是边疆开发人员需要了解和掌握的。土司问题也成为江应樑先生在云南大学进行史学研究的重要研究课题,他撰写了很多关于云南土司研究的著述,如《明代云南的土官与土司》等,为云南大学土司研究奠定了重要基础,成为云南大学边疆史地研究的重要领域。

编者通过上编的讨论得出了三点结论:(1)云南的边疆地区,在各方面均与内地情况不同,因此,对于云南边疆的治理,应有针对现实情况的

[①]《边疆行政人员手册》,载林文勋主编《民国时期云南边疆开发方案汇编》,云南人民出版社2013年版,第5—6页。

特殊办法。(2) 云南边疆产物丰富，人民朴质勤劳，政府应采取合理之举措，开发边疆物产和开化边民。(3) 要开发云南边疆，须从政治着手，与经济文化合并开展，才能实现边疆内地化的目的①。基于上编的结论，使人们认清国家开发云南边疆的观点，下编提出了四个方面革新云南边疆行政的基本要点，以实现云南边疆行政的革新，切实推进云南边疆政治的发展。

首先，在云南边地建立政府威信。在云南边疆地区，人民因受官吏盘剥压榨，历来轻视政府官吏，政府威信在边地较低，边民对官吏无好感，对政府就无从信服，政府在边地没有威信，政令就无法推行，边地行政革新就无希望，因此，需要建立政府威信，使官吏获得人民信任。要树立政府在边地的威信，需要从"廉、信、实"三方面入手：(1) 廉。边民之怨尤边官，因为贪取暴夺。一个边官，倘能廉洁，那是最能打动民心的，而使其另眼相看，也只有边官廉洁，才能在短时间内取得边民信仰。(2) 信。边民朴直率真，交往都是一言为定，口心如一，言出必行。边官常以虚伪欺诈手段，对边民请求的事情，以官场应酬的态度敷衍，致使边民认为边官言语虚伪，行为欺诈，对政府的信任大为减低。故边官应该体会边民心理，以诚相待，凡事衡量轻重，倘不能办到，不妨详为解说，若答应允许了，务必彻底做到。也就是说，边官不能失信于边民，否则政府的威望就无法建立。(3) 实。就是"实地干，彻底干，不敷衍，不粉饰，此为边疆工作者无上信条。"边地社会简单，边民不复杂，边官不必要粉饰敷衍。边民希望的是，政府的边疆开发举措，能够实惠于民。总之，"边疆事业，贵实际而不重虚文，过去边官只虚应故事，故为边民所轻视，今后边官能实际为边民工作，必可得边民之信仰"。编者们一致认为："此三字看来简单，但却是边疆官吏建功立业之法宝。"②

其次，开化云南边民智能。如何开化？该手册提出了五个举措。第一，提高文化水准。江应樑等人认为，边区生活水平低和社会组织结构简

---

① 《边疆行政人员手册》，载林文勋主编《民国时期云南边疆开发方案汇编》，云南人民出版社2013年版，第26页。

② 《边疆行政人员手册》，载林文勋主编《民国时期云南边疆开发方案汇编》，云南人民出版社2013年版，第27－28页。

单，是因为边民文化水准低，故需普及边疆教育，提高边民的文化水平。推行边疆教育又需要注意以下三点：（1）启迪边民。要加强边民的国家民族意识，使其对国家和政府有坚定的认同。（2）教育应结合边民生活情况，不能妨碍边民生产生活，且需与边民生活生产有关系，学以致用，不能不顾实际，强迫边民读书。（3）对边民固有的文化体系、宗教信仰、民间风俗等，不能强加干涉、直接发生冲突，应因循诱导，逐步用实证方法进行改进。第二，改进边民生活方式。主要从生产方式、饮食、住宅结构、人畜分居、生活卫生、婚姻生育、医疗等方面入手，以此提高边民物质生活水平，使边疆地区适于现代人类之生存。第三，统一语言文字。云南省边疆地区语言文字复杂，语言文字不统一，外国传教士趁机而入，试图通过文化控制，破坏国家领土主权的完整。该手册编写者发现了这一问题，提出边民文字不统一的危害性：（1）不利于民族团结。（2）造成边疆民族隔阂。（3）有碍国家政令的推行。所以他们认为，应该消灭云南边疆的特有语文，而将边民纳入国家的语文系统之下。第四，保存边民固有的美德。云南边民的美德很多，如勤苦、耐劳、诚朴、忠勇、健康、经济生活独立、男女地位平等、家庭组织单纯等。云南边民的这些美德，不仅要保存，而且要使到边地的内地人民能够潜移默化地学习边民的优良传统美德。第五，提倡汉夷通婚。通婚是开化边民最基本的方法，既可以化解汉夷之间的矛盾和仇恨，统一各民族之间的文字，又可以使各民族之间进行交流交往交融，调整不同民族之间的生活方式。该手册特别指出，开化边民需要注意不能违背边民的习性，要顺应边民的宗教、文化传统等，且一切举措都是为了改善边民生产生活条件，使其得到实惠，不能妨害边民的生计。

再次，开发云南边疆经济。该手册认为，开化云南边民智能与开发云南边疆经济息息相关，提出了开发云南边疆经济的举措：（1）交通建设。在边地各县局建境内公路，同时以国家治理，建筑县境公路，使各县局之间有直达的大道。（2）扑灭瘴疠。瘴疠为开边之大敌，倘不根本消灭，一切边疆建设，均将受其阻碍。要消灭瘴疠，除了边民注重个人卫生外，还需要各县局采取一些方法，如消灭蚊虫；消除一切有利于蚊虫生长的环境；让边民掌握防疟治瘴常识；使边民养成睡觉用蚊帐的习惯；充实边地的卫生院设备；遇瘴疾猖獗时，可呈请云南省机关拨款派员协助扑灭。

(3) 移民到云南边疆进行屯垦。(4) 开发矿产。(5) 倡导种植。(6) 倡导畜牧。(7) 成立合作金库。(8) 组织消费合作社。(9) 改良人民固有经济生产。(10) 利用环境作特殊建设,如建立水电站等。但是,开发云南边疆经济,有一个基本原则:开发是为了生产而非掠夺,"目的在抚助边民生活,而非掠夺边民财富;每一举措,必以有利于边民为原则,倘只有取用而无补偿,结果是使边民财富日渐困乏,此即为掠夺,虽有大利,亦不可为"①。

最后,重视云南边疆的国防建设。当时的云南边疆与英属缅甸、印度和法属越南接壤。如此漫长的边界线,都是国防前沿阵地。滇缅边疆很多地方都还未定界,过去大都未注意国防建设,时值抗战军兴,建设滇缅、滇越边疆一带国防设施,刻不容缓。需从以下几个方面入手:(1) 调查沿边山川、河流和地理险要,为国防建设提供参考,应详细调查山川形势、河流深浅和村镇位置,而且要绘制详图。这些调查,在平时可作为国家建设边防的参考,在战时可供军队作战之用。(2) 要增加云南边疆的粮食生产,修筑地方交通路道,用来满足军事上的需要。(3) 要加强云南边民的国家观念和民族认同,培养他们的爱国主义精神。(4) 要严密组织保甲,充实边地民间武力,有利于民众动员,战时作为国防前线武力。(5) 顺应云南边民的习性和风俗,训练他们成为边防战士。通过国防建设,使云南边疆成为保卫国防前线的干城。该手册的很多边疆开发观点,对于我们治理边疆民族地区有很重要的参考价值。

在上、下编后,编者得出了结语,认为云南边疆区域广大,情形特殊,需要因人因地地利用上述原则和方法,且需要苦干实干,则边事大有可为。从《边疆行政人员手册》的内容和结论可以发现,该手册里面很多内容都有江应樑的影子,受其影响很大。此外,该手册很多施政举措,是在大量学术调查和前人研究的基础上得出的,也符合江应樑等人在云南调查的内容。且手册中的很多议题,为云南大学的史学研究奠定了基础,其影响一直延续到现在。

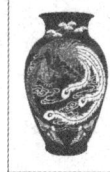

---

① 《边疆行政人员手册》,载林文勋主编《民国时期云南边疆开发方案汇编》,云南人民出版社2013年版,第34页。

第三节　巴布凉山历险　《大小凉山开发方案》编写

一、江应樑巴布凉山历险

大小凉山，又称巴布凉山，在 20 世纪三四十年代是与汉族隔绝的彝族聚居区域，地处川、康、滇三省交界处。抗战军兴，西南成为大后方，这一未开发的区域成了民国政府西南边疆开发的重要地区，俗称"打开万石坪，世上无穷人"，"其区域西与西康之越巂、冕宁、西昌、盐源相接，南与云南之巧家、四川之雷波相接，北与四川之马边、峨边相接"。全境南北约 700 余里，东西约 400 余里，约北纬 28°至 29°，东经 103°至 105°之间，全境为山区，海拔多在 2000 米至 5000 米之间，故气候较寒冷[①]。

民国时期凉山雷波农田

[①]《大小凉山开发方案》，载林文勋主编《民国时期云南边疆开发方案汇编》，云南人民出版社 2013 年版，第 41 页。

民国时期凉山彝村大堡子

因大小凉山地理位置特殊，历代政府对该区域均未能实现有效治理。1943年，经民国军事委员会派员考察商议后，发现该地区未开化的原因是"三省无共同治理方针与步骤，致凉山始终未能开化"，于是决定"由三省轮流每年召开边务会议一次，对凉山之开发妥议具体方案，分期进行，庶使三省境内，不致有此特殊区域之存在"，而云南省"以邻接凉山，境内永善、巧家、华坪、永胜、宁蒗各县局，受害最深，对禁政之推行，阻碍尤大"。故在国民政府和云南省政府的电令下，关于凉山之开发，交云南省民政厅拟具开发方案，因饬由云南省边疆行政设计委员会"根据各属报告有关资料，并实地考察情形，拟成《大小凉山开发方案》"[①]。故该成书与对凉山的实地考察密切相关，而当时在云南省边疆行政设计委员会里，有大小凉山实地调查经验的就是该委员会主任江应樑。

---

① 《大小凉山开发方案》，载林文勋主编《民国时期云南边疆开发方案汇编》，云南人民出版社2013年版，第39页。

《大小凉山开发方案》封面

　　1941年，江应樑在顾颉刚先生的帮助下，前往大小凉山地区考察。同年1月，江应樑从成都出发，坐船沿岷江到乐山，然后逆行大渡河到峨边县，经屏山到马边县。在马边县抗建垦殖社长黄自强的介绍下，结识了凉山一位黑彝酋长和他的弟弟，通过送礼物，让他们两人作保头，得以进入凉山，开始了他历尽艰辛的凉山人类学考察。进入凉山后，江应樑按当地的彝族风俗，与酋长盟誓。在凉山地区，江应樑穿彝族的披毡和草鞋，吃苦荞、洋芋和苞谷，喝生水，没有菜蔬，甚至连盐都稀缺。天黑了，他就裹着披毡住在彝族的草棚里，睡在火塘边，经常几天不洗脸、不洗头，孤独一人翻山越岭，在凉山地区进行田野调查，通过参与观察，直接了解凉山彝族社会的结构、支系、婚姻家庭组织、社会文化风俗等，历时100多天。江应樑到黄茅埂后，因没有人愿意当保头，只好从雷波出凉山，再北出屏山，经庆符、筠连等县进入云南盐津县，后过大关、昭通、威宁和曲靖，于7月返回昆明①。这次考察途中，江先生写成了《凉山夷族的奴隶社会》②，被誉为"有价值的第一手资料"。可见，他的实地考察经验和资料对《大小凉山开发方案》的形成有重要作用。

---

① 江晓林：《江应樑传》，广西师范大学出版社2005年版，第99-100页。
② 该书因各种原因，到1948年才得以出版。

1944年江应樑绘制的大小凉山略图

民国时期凉山彝人婚宴备酒

民国时期大凉山锅庄娃子（奴隶）结石巴扎背奴隶主家姑娘串亲戚

二、《大小凉山开发方案》与江应樑彝族研究

《大小凉山开发方案》是云南省民政厅边政丛书之二，1944年9月出版，署名江应樑编撰。该方案的编者是否是江应樑，学界观点还不一致，但在江应樑《凉山夷族的奴隶制度》中，他说"三年前作者曾为云南省政府拟具了一个《大小凉山方案》"[①]，由此则可确定该方案为江应樑所写，而且该方案对他后续对凉山的关注起了重要作用。至于在他后来自述中为何不再提及写了该方案，其原因已很难了解。该方案共九章：第一章凉山

---

① 江应樑：《凉山夷族的奴隶制度》，珠海大学出版社1948年版，第78页。

现状；第二章确定开发原则；第三章川滇康三省合组凉山建设委员会；第四章化凉山为内域；第五章移内地人民入凉山屯垦；第六章移凉山强夷分居内地；第七章成立县治；第八章凉山经济之开发；第九章结论。

  该方案首先介绍了凉山的区域、住民，进而指出开发凉山的必要性，不开发凉山，对国家民族危害甚重，表现在：（1）凉山是我国内地的一部分，但迄今仍是独立的，既未设县，又未设治，任由各部落各自为政，国家政令无法推行，且国民没有保人的前提下，无法自由进入该区，就国家行政统一而言，为政治上不应有的怪现象。（2）对国家禁政的妨害。凉山是山区，在西南腹地，国家政令不能到达，仍然公开种植鸦片，鸦片成为凉山的主要经济产品，不法之徒违法取巧，贩运鸦片到内地，使得国家禁政不能收彻底之实效。（3）对国家统一货币法币的破坏。国民政府自1935年以法币为流通货币，禁止用硬币，但凉山地区仍以白银为唯一货币，因凉山出产大量鸦片，内地白银大量流入凉山地区，对国家经济发展和货币政策的推行有破坏之功。（4）违反民族平等原则。孙中山主张国内民族一律平等，凉山地区仍有世袭的奴隶制度，有虏汉人做奴隶的情况，被掳之人惨遭虐待，惨无人道，这在文明民主国家实不应有此现象。（5）妨害地方社会治安。在凉山周边川滇康毗邻各县区，常年被凉山夷人侵扰，掠夺人畜，焚烧房屋，杀人越货，各县的最大事务成了防范夷人，而且还有奸民贪利，用枪支、白银换取鸦片，对地方治安稳定造成了很大的障碍。（6）不利于凉山经济的开发。凉山地区物产富饶，木材、药材和矿产极其丰富，且地域辽阔，有利于垦殖和畜牧，但因夷人盘踞，未能开发利用，阻碍国家经济建设。故"从国家行政统一，国内民族团结平等，贯彻禁政，统一法币，维护地方治安，建设国家经济诸方面言，凉山之开发，实为当前亟待推行之要务。"①

  基于以上认识，该方案认为从事凉山开发的工作人员，应先进行训练，使其知道开发凉山的原则，不至于造成民族隔阂和隐忧，故编者提出了开发凉山的三个原则：第一，平等待遇边胞。第二，开发边地经济非掠

---

  ① 《大小凉山开发方案》，载林文勋主编《民国时期云南边疆开发方案汇编》，云南人民出版社2013年版，第42-43页。

夺边民财富。第三，提高边地生活文化水准。当时凉山地区未能开发，其中最大的原因是由于该地特殊的地理位置，位于川、滇、康三省接壤区域，三省向来各自为政，没办法联合统筹开发治理办法，不能协同合作，致开发凉山徒劳无成。因此，要彻底开发凉山，需要三省协同合作，组建川、滇、康三省凉山建设委员会，合谋统筹开发凉山的办法。该建设委员会的任务可分为两个阶段：第一阶段，在进行凉山开发时，该委员会的任务有如下八项：（1）筹议开发具体方法及步骤。（2）统一指挥开发进行工作。（3）管理新开发地区行政及军事事项。（4）统筹并办理移民事项。（5）统筹并办理垦殖事项。（6）处理夷人经济事项。（7）筹办成立县区。（8）设计凉山建设方案。第二阶段，在大小凉山成立县治，划归县政府管理，完成统治时期。该委员会仍需要完成四项任务：（1）监督并协助各县完成各项建设事项。（2）统筹并管理移民垦殖事项。（3）办理各县不能分别举办须统筹办理之建设事项。（4）办理全区有关联性之经济事项①。

该方案认为，统筹开发凉山的目的是将凉山划为内地，直接由政府统辖。可采取的措施是：（1）缩紧包围，向内开拓。要实现这一目标，要遵循三个原则，即首先将凉山划为数层包围圈，由川、滇、康三省认定区域，约定时期，同时向凉山内心推进开拓。其次，外围第一层区域开拓后，可暂停前进，先集中力量经营已开拓的凉山土地，主要是采取建筑防御碉堡，修建交通大道，移民开垦等办法，等该区域安定时，再约齐时间，向第二层包围圈推进。最后，开拓第二层区域时，仍照开拓第一层区域的办法，待一切安定后，再推进第三层区域。如此，三省可在凉山核心区域会师，实现一劳永逸。（2）必须用武力协助凉山开发。要现实缩紧包围，层层推进，向内开拓，需要有精练的军队为后盾，这样在与凉山夷人冲突时，能用武力将其压服。（3）以建碉堡，辟交通，奠定开拓的基础。要对凉山开发，需要在前方设立防御地带，建碉堡，在后方修建道路，开辟交通，才能避免历代攻取凉山失败的教训。在以武力为后盾开发凉山后，为巩固开发成果，首先需要移内地人民到凉山屯垦，屯垦可以仿照凉

---

① 《大小凉山开发方案》，载林文勋主编《民国时期云南边疆开发方案汇编》，云南人民出版社2013年版，第45页。

山沿边的诸民营垦社。其次需要将凉山的强夷拆分迁入内地，进而在凉山成立县治。具体设治是：（1）黄茅埂以东小凉山区域，可不另立县治，将其分属峨边、雷波、屏山、马边等县。（2）恢复昭觉县。（3）牛牛坝及其附近立为一县。（4）洼海及万石坪一带立为一县。（5）巧家县以西，宁南、会理两县以东立为一县。如此规划，大小凉山将纳入国家直接统治，成为内域，受川、滇、康三省各自直接管辖。1947年，国民政府成立的"川康滇三省边区边务设计委员会"与江应樑为开发凉山组建三省凉山建设委员会的建议密切相关。

民国时期凉山昭觉城

江应樑编写了《大小凉山开发方案》后，并未放弃该区域，而是一直关注大小凉山彝族问题。

1948年，江应樑写了《凉山夷族的奴隶制度》一书，由珠海大学出版，是珠海大学出版社边疆丛书之一。全书分为10部分，并附图，一幅为凉山区域图，其他的是摄影4帧。江应樑在该书"巴布凉山的地理环境"

中对凉山情况的介绍，用了当地的俗语"你有千军万马，我有大山老林"，在《大小凉山开发方案》的"凉山现状"中也有，只是有一字之差，"你有千军万马，我有万山老林"。这两本书在论述凉山情况的行文思路和逻辑上有很多相似之处。《大小凉山开发方案》中对凉山开发之必要及对枪械等的介绍，在该书中也有详细论述，只是方案略简单，可能是对江应樑调查内容的总结。在该书的结语中，江应樑也再次提到开发凉山的必要性，也用了《大小凉山开发方案》引用的当地俗语"打开万石坪，天下无穷人"，并再次提到他在云南省边疆行政设计委员会任职期间，"作者曾为云南省政府拟具了一个《大小凉山开发方案》，确定出几个开发原则：(1) 划凉山为内域，分属川滇康三省，使即成立为县治。(2) 移内地人民入凉山屯垦。(3) 移凉山强夷分居内地。(4) 平等待遇夷胞，不能因其曾

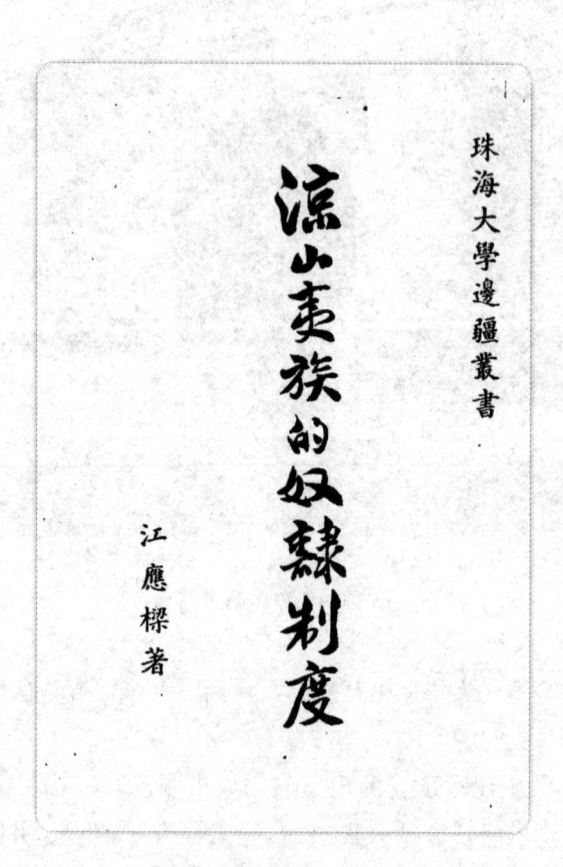

《凉山夷族的奴隶制度》封面

反叛与曾掳掠汉人为奴隶而施以报复。（5）不能掠夺夷胞的财富，鸦片枪支可以没收，白银牲畜则绝不能危害夷胞的所有权"。这些原则与《大小凉山开发方案》意思相同，仅表述有所差异。故他进而指出"这方案作者到今天仍然认为正确适用。"①

中华人民共和国成立后，江应樑在云南大学讲授彝族社会。1957 年，江应樑开始撰写《彝族社会》，他在日记中写道：

> 从上午八点半坐到书房中，到晚上十一时，除了吃两餐饭，中午一小时午睡外，只有走到屋子外面作了两次散步，饭后看了半小时的报，其余时间都是埋头在书案上工作，工作时间几达十二个小时，今天共写了八千五百字，写起了第三章的第二、三节，以字数言，已接近了我写文章的最高记录（过去最多曾每日写到一万字），但已肩膀酸痛，右手不能握管了。幸而头脑尚清醒，说明我的脑力是健康的②。

就是在这样勤奋写作下，历经 3 个多月，江应樑的《彝族社会》完稿，共 7 章，计约 17 万字，后又屡次修改删定，可惜未能刊出。

1958 年，江应樑又在《云南大学学报》第 1 期上发表了《凉山彝族社会的历史发展》一文。1987 年，该文又被收录于中国西南民族研究学会编的《西南民族研究（二）：彝族研究专辑》，足见其在学术界的影响力。相较《大小凉山开发方案》和《凉山夷族的奴隶制度》，《凉山彝族社会的历史发展》更注重历史学的研究，开始运用马克思历史唯物主义观，对凉山彝族的历史发展做了详尽研究，修正了他之前关于凉山彝族的一些观点，首次对西方提出的"独立罗罗"观点进行了反驳。在这之前，江应樑只是引用了"独立罗罗"提法，未进行批判。江应樑通过大量文献资料，论证了凉山彝族的历史不是孤立发展的，自汉武帝开西南夷始，便被纳入

---

① 江应樑：《凉山夷族的奴隶制度》，珠海大学出版社 1948 年版，第 78 页。
② 《江应樑日记》，载江晓林《江应樑传》，广西师范大学出版社 2005 年版，第 183 – 184 页。

郡县，不曾离开中国版图①。此外，江应樑通过大量数据，对凉山彝族社会性质做了探讨，对凉山彝族的奴隶制度，比1948年时的认识更深刻更具体。该文延续了江应樑关注凉山彝族问题的传统，为云南大学彝族史和彝族问题研究开创了道路。

纵观江应樑关注和研究凉山彝族的历程，凉山彝族研究是江应樑将田野调查与历史文献结合的边疆研究，将学术研究应用于国家边疆治理的代表，且懂得与时俱进，吸收当时新的史学理论和方法，他的彝族史和彝族问题研究对云南大学历史学研究注重学术与国家治理相结合的研究范式有奠定之功，为云南大学中国民族史研究打下了坚实基础。

第四节　探寻滇西土司　《腾龙边区开发方案》问世

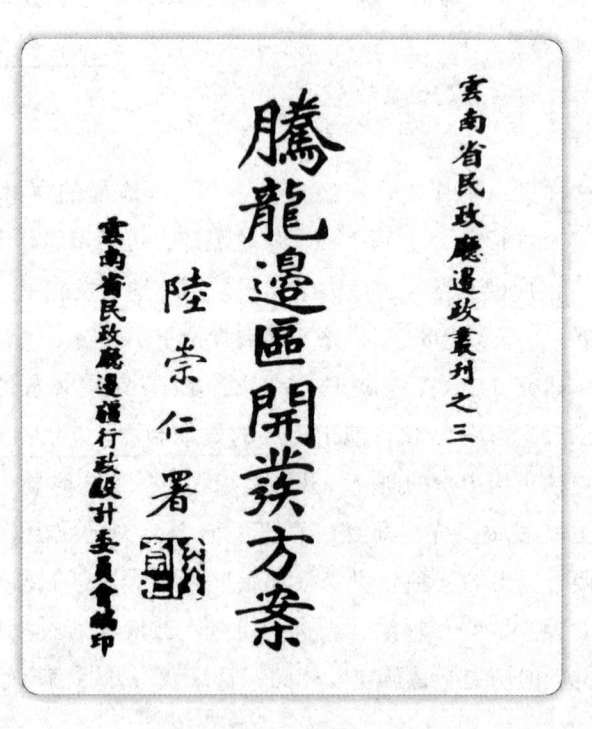

《腾龙边区开发方案》封面

---

① 江应樑：《凉山彝族社会的历史发展》，《云南大学学报》1958年第1期。

一、揭开滇西土司神秘面纱

江应樑编写的《腾龙边区开发方案》，与他的傣族情结和在滇西土司区长期进行田野调查密不可分，江应樑到滇西傣族土司地区考察并与傣族研究结缘始于1937年。当时傣族主要聚居区在思普边区和腾龙边区。傣族由土司统治，被内地视为"蛮烟瘴雨"之乡，是"穷走夷方"之地，很多人有去无回，使该区域被罩上了一层神秘面纱。江应樑却对这些地区颇为向往，多人劝阻无效，他意志坚定，但面临着是去思普边区还是腾龙边区的选择。思普边区，道路险阻，没有公路，全程要骑马或步行，沿途行人稀少，土匪十分猖獗；腾龙边区，从昆明到大理有公路，可以乘汽车到大理，大理往西也只能骑马或步行，也时有土匪抢劫，但治安相对较好，故江应樑将腾龙沿边的滇西傣族土司区作为自己首要进行田野调查的区域。

江应樑在芒市土司署与傣族贵族新娘合影（1937年）

在出发前往腾龙沿边滇西土司地区前，江应樑做了很多准备工作。1937年7月，他返回昆明后，与方国瑜等进行了交谈，并在方先生帮助下见到了在昆明读书的土司学生，他在日记中这样写道：

> （七月廿一日）午与周往访方国瑜君，方君为云南边民研究者，此次曾随勘界人员至滇边。与谈滇西情况甚详。……廿三日，与方国瑜君往南菁中学访土司学生，作个别谈问①。

此外，为了能在腾龙沿边调查顺利，云南省政府为江应樑开具了给沿途各县政府和各土司的公函，为他派了一名佣人，还帮忙找了一辆开往大理的顺风车。

同年9月，江应樑从昆明出发，4天后到达大理，在大理考察了十多天，后到达保山，在保山考察了几天后，离开保山，继续西行，3天后到了龙陵，再往西走，就是傣族土司地区。在龙陵，江应樑听说了芒市土司代办方克光②的名声，是一位有见识的傣族贵族，而且当时边地土司对于政府官员很是反感，流传着"委员下乡，百姓遭殃"等讽刺汉官的谚语。江应樑因接受过系统的人类学训练，知道要有效地在滇西傣族土司地进行田野调查，就需要当地各阶层的支持，需要有良好的人际关系。于是，他不用云南省政府的公函，而是以私人身份给方克光写了一封信，说明自己由中山大学派往腾龙沿边调查民族社会情况，希望获得方克光的支持和帮

---

① 《江应樑日记》，载江晓林《江应樑传》，广西师范大学出版社2005年版，第183—184页。

② 方克光（1899—1953），字裕之，先祖世袭芒市安抚使职。1916年于腾冲县立两级小学高等班毕业，1921年在缅甸仰光华侨中学毕业。1922年任芒市土司护印，性格深沉，有才能。1931年，芒市土司属官推其暂代芒市安抚使职，积极推进边地教育，在芒市创办了第一所新式学堂——芒市公立两等小学。1937年曾到内地参观，到达上海逢日本发动了上海"八一三"事变，取道广州、香港、缅甸仰光返回芒市。滇缅公路修筑时，他积极支持，昼夜操劳，开仓运粮，支援滇缅公路的修建。滇缅公路修通后，曾在芒市经营汽车修理厂、旅社、药品和金融业等。1942年，中国远征军过芒市，他积极筹备军粮，支援抗日。中华人民共和国成立后，历任潞西县协商委员会主任委员、保山专区联合政府副主席、云南省民族事务委员会委员等职，为国家做出了贡献。1953年在芒市病逝。云南省长为其题写挽联："恰值祖国解放归来，君具卓识；正当边疆需人孔急，我有余哀。"

助。方克光收到信件后，便派人到龙陵接江应樑进入芒市土司境，江应樑终于踏上腾龙沿边滇西傣族土司区，开始与傣族结下了不解之缘①。

江应樑与方克光在芒市合影（1937）

江应樑到芒市境内后，方克光打开了土司衙门大门，率官员和贵族欢迎江应樑，让他到花厅住下，江应樑受到热情款待。江应樑在芒市土司境内考察期间，方克光白天同江应樑驾车外出，考察傣族民风民情，晚上，江应樑与之交流，访谈了解当地情况。江应樑在芒市土司境待了一个多月

---

① 江应樑：《我怎么研究西南民族》，《文史春秋》1948年第2期。

后，前往遮放土司境。方克光将江应樑介绍给遮放土司多英培①，他在遮放也受到了土司的热情接待。遮放土司境内除了傣族外，还居住着许多景颇族，江应樑对遮放的景颇族进行了调查。离开遮放后，江应樑先后到猛卯、陇川、干崖和南甸等土司地进行考察。

江应樑与多英培等合影（1937）

1938年4月，江应樑完成了对腾龙边区滇西土司地历时半年多的考察。江应樑在今天德宏地区搜集到了许多不为外人所知的资料，他详细调

---

① 多英培（1909—1969），字舜如，官名"多哈法"，遮放末代土司。腾冲中学肄业。1932年承袭父职，任遮放第20代土司。1938年，召集民工修筑滇缅公路。1944年，被日本人关押在缅甸木邦。中华人民共和国成立后，历任潞西县副县长、德宏傣族景颇族自治区政协副主席和云南省人大代表等。1969年病逝。

查了德宏傣族社会、政治、经济、文化等方面的内容，对傣族土司制度、司法、军事、工商业和教育等都有详细记录和研究，他还考察了梁河、潞西等设治局在边疆的作用，认识到边疆教育和国防建设的重要性。这半年多的考察，收集了许多民族服饰和民俗、宗教用品，写成了20万字的《滇西摆夷调查报告》。

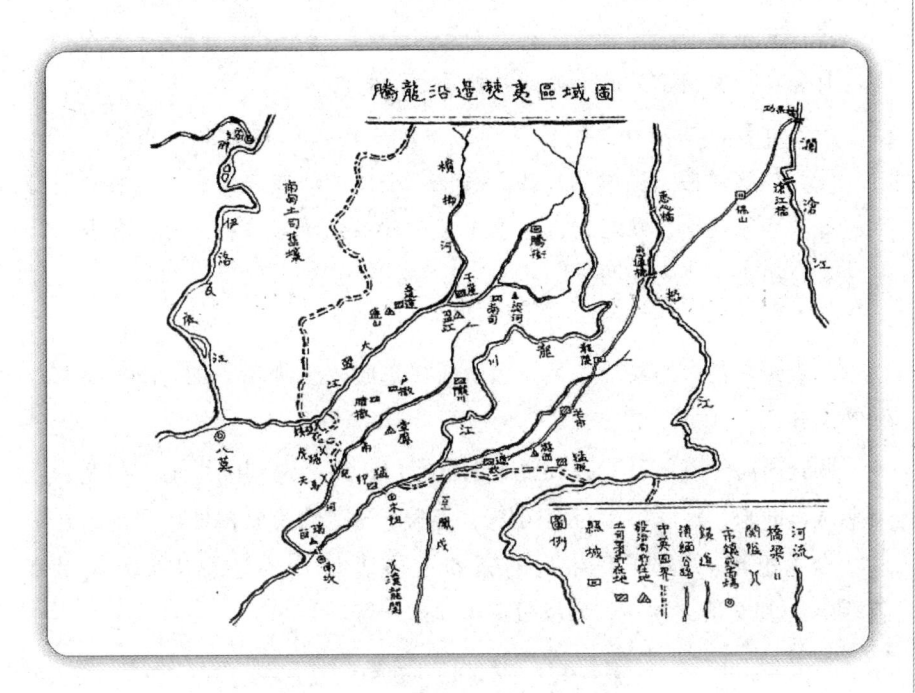

江应樑手绘的腾龙沿边傣族区域图

1938年，中山大学等高校和机构迁往昆明大后方，昆明机构林立，学者云集。国民政府中央赈济委员会和云南省政府为抗战需要，邀请在昆明的国内知名学者对腾龙边区进行考察，江应樑被邀请加入这个滇西考察团。这次考察涉及多个学科，作为云南大学特派调查员的江应樑负责民族调查，西南联大社会学教授李景汉负责社会调查，此外还有调查古生物、气象、水利、农业、土壤等的知名教授，这次的调查可谓当时对腾龙边区进行考察学科之全、级别之高的多学科综合调查。调查的路线跟一年前江应樑的路线相同，因此，具体考察的地点、调查访谈人士，乃至食宿等事

宜都由江应樑拟定，然后由调查团联席会议通过并执行。调查团得以在腾龙沿边傣族土司区顺利考察，江应樑的作用巨大，调查团进入芒市土司地受到款待就是重要例证。江应樑在日记中这样记录：

  十九日，星期六，晴。八时离腊猛，十一时至龙陵，午膳。为先车与芒市司署接洽，余先乘车来芒市，二时到达。代办方裕之及其弟善之均往缅甸未归。惟已接余信，知将到，特嘱司署人员招待，全团于五时后始到，住善之住宅内。

  廿日，星期日，晴。旧地重游，虽裕之昆仲未在，稍觉寂然，但故识甚多，相见欢然。晨，与全团游城市一周；午，招司署属官等谈话，继赶街，再乘车至蛮蚌温泉沐浴；夜，开团务会及分组会，决定在芒市工作①。

  调查团在芒市考察了5天，然后前往遮放。在遮放，江应樑主要调查了傈僳族。

  调查团离开遮放后，进入猛卯土司境内，路上遇到陇川土司和盏达土司乘汽车而来，江应樑等与土司停车交谈，约定到遮放相见。调查团到木遮（今木姐），见到了正生病的猛卯土司代办干崖土司刀保图（刀京版）②，与其交谈。这在江应樑日记中显现无疑：

---

① 《江应樑日记》，载江晓林《江应樑传》，广西师范大学出版社2005年版，第84页。

② 刀保图（1899—1966），字京版，云南盈江人，傣族，云南著名民主革命先驱刀安仁之嫡长子。1911年袭父职，干崖宣抚使司第23代25任宣抚使。1931年至1941年，出任猛卯安抚司代办。国民政府在猛卯垒允（今瑞丽市雷允）建中央垒允飞机制造厂，刀保图在人力、物力上给予全面支持，故厂方特邀请刀保图登机试飞组装好的飞机。1942年，被授予少校军衔，随中国远征军入缅作战。后被任命为少将参谋。1950年5月，刀保图接受中国共产党领导，拥护中华人民共和国，历任盈江县民族行政委员会主任、盈江县县长、保山专区联合政府副主席、德宏傣族景颇族自治区主席、德宏州首任州长，云南省人民委员会委员、云南省民族事务委员会副主任、云南省政协副主席、中央民族事务委员会委员，全国一、二、三届人民代表大会代表等，多次收到毛泽东、周恩来等党和国家领导人接见。1966年病逝于芒市。他在边疆社会主义建设事业中做出的重要贡献得到了党和人民的充分肯定。

刀君本今晚到遮放，因病改明日行，现见我等，决留此相陪数日，盛情实可感也①。

调查团一部分人从畹町进入缅甸境内的南坎，江应樑等则在刀保图的陪同下到瑞丽设治局对局长陈文铭进行访谈。饭后到刀保图住宅与其儿子刀承钺夜话。在猛卯土司地，江应樑考察了边地的教育问题、禁烟问题、土司制度、设治局的运行等，还与南甸土司等召开了一次座谈会。在这次调查中，他跟随调查团成员去瑞丽设治局弄岛省立小学考察，可是到早上

江应樑与干崖土司刀保图外出打猎（1937年）

―――――――

① 《江应樑日记》，载江晓林《江应樑传》，广西师范大学出版社 2005 年版，第 85 页。

9点，教室里仅有3名学生，校长却在卧室里抽鸦片，学校每位老师都有烟枪。校长为此解释因夷方瘴气厉害，需要抽鸦片避瘴，而且边地有瘴毒，要等瘴毒散去才上课，所以上课晚①。这次经历对江应樑触动很大，调查结束后不久，1939年他便在《青年中国》创刊号上发表了一篇《云南西部之边疆夷民教育》，批评了边疆教育的形式主义和官吏中饱私囊，提出了编写边疆教材，促进边疆教育的建议。他终其一生都特别关注边疆的教育问题，这在《正义报·边疆周刊》以及开发方案中经常体现，这与他历次到边疆地区调查密不可分。之后，江应樑等8人步行完成了对陇川、南甸等4个土司区的考察。1938年12月，调查团完成腾龙边区考察，年底返回昆明。

这次调查因为有多学科专家加入，弥补了江应樑上次考察滇西土司区的不足，他从这时起便留意边疆的开发和建设问题，表现出了一个爱国学者忧心国事的国家情怀。考察结束后，江应樑发表了很多文章，如《云南西部僰夷民族的社会经济》《僰夷的家庭组织与社会制度》等，1940年他完成了《滇西摆夷之现实生活》②，该书利用第一手调查资料，描述了民国时期腾龙边区傣族的社会生态和文化。江应樑两次对滇西进行考察，为《腾龙沿边开发方案》的编写做了实地考察准备，为云南大学傣族史和土司制度史的研究奠定了基础。

二、编写《腾龙边区开发方案》

《腾龙边区开发方案》，江应樑编撰，是云南省民政厅边政丛刊之三，1944年11月出版。该方案共15部分：序言；第一章本区域概况；第二章行政；第三章土地；第四章垦殖；第五章水利；第六章交通；第七章企业；第八章农林植物；第九章医药卫生；第十章教育文化；第十一章国防建设；第十二章生活改进；第十三章本方案实施办法；附图《腾龙边区开发方案略图》。该方案具体从以下几个方面展开：

---

① 江晓林：《江应樑传》，广西师范大学出版社2005年版，第85—87页。
② 江应樑：《滇西摆夷之现实生活》，德宏民族出版社2003年版。

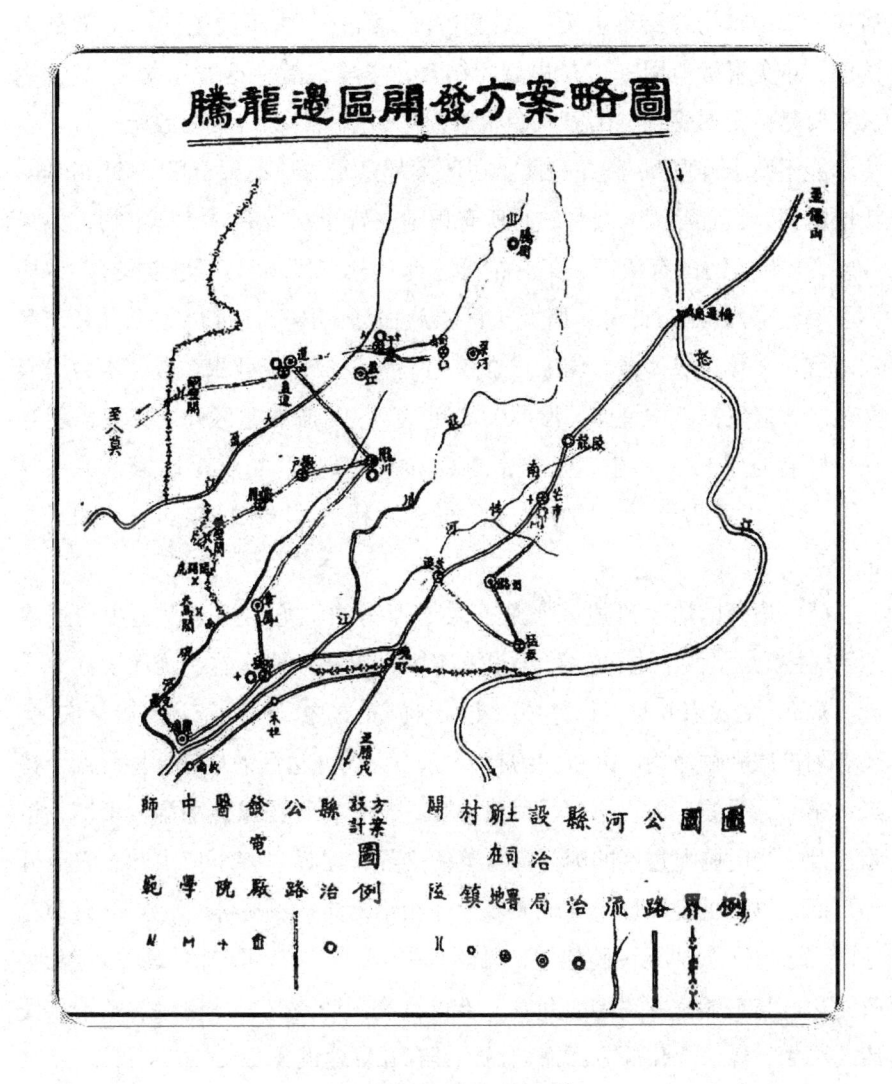

《腾龙边区开发方案略图》

腾龙边区开发建设的重要性和必要性。抗战爆发后，中国东南沿海相继落入日本侵略者之手，西南边疆成为抗日的大后方，云南是当时中国国际交通线的重要枢纽。1938年，滇缅公路开通，腾龙边区土司区成为滇缅公路出国门的前沿。1942年，怒江以西的腾龙边区全部沦陷，"敌人入侵，不费一兵一卒，长驱直入，横据全境"，"此从疆域国防言，本境不能不亟求开发也"。1944年滇西反攻，腾龙边区相继收复，但该区域主要是傣族

居住,泰国宣扬"泛泰主义",蛊惑边民,因其"失于教化","一遇敌人诱惑,难免资敌所用","从民族团结言,本境不能不亟求开发"。腾龙边区主要是由土司管理,国家政令很难通达边疆地区,"从行政统一言,本境不能不亟求开发"。腾龙边区土司区大都是平原,极目千里,阡陌相连,沃壤肥田,然荒芜无人耕种,且所有田地,皆土司所有,矿产宝物,亦未开发,"诚所谓国有沃壤,野有饿殍。此从救济民生、发展经济言,本境不能不亟求开发"。此外,腾龙边区傣族信仰南传上座部佛教,自有文字和语言,文化自成体系,国家虽在该地兴学设教,但效果欠佳,"为民族文化之普遍发扬,本境亦不能不亟求开发"①。《腾龙边区开发方案》就是在这样背景下应运而生,是非常重要和及时的,"对整个国家,关系极大",不仅关系世界反法西斯战争的最后胜利,对国家民族的统一和复兴也有重要意义。

  腾龙边区的情况概述。腾龙边区"即腾冲、龙陵西南以迄缅甸边界地",主要是滇西十土司②境,民国初年,云南省政府在这一地区设立6个设治局③,居民有6种,以傣族为主,景颇族次之,傈僳族和汉族又次之,还有阿昌族和德昂族。人口大约有16余万。腾龙边区的地理环境有四个特点:第一,平原广大;第二,河流纵横;第三,气候温暖潮湿;第四,植物繁茂。当时腾龙边区的国界皆与英缅交界,国界"多不依山脉、河流分界,而系以界桩定界址。界址大多犬牙相错,曲折不易辨认","互有插花地即飞来村寨","无国防建设,无兵营关卡,外人皆可自由入境"。因此,腾龙边区与英缅腾龙边区的开发,不仅具有国防意义,从疆域、政治、民族、民生、经济文化等方面而言,也具有开发建设等意义。

  腾龙边区的行政制度。该制度有三个特点:一是存在土司制度;二是

---

① 《腾龙边区开发方案·序》,载林文勋主编《民国时期云南边疆开发方案汇编》,云南人民出版社2013年版,第60—62页。
② 滇西十土司指南甸、干崖和陇川三宣抚使司,芒市和猛卯两安抚使司,盏达和遮放两副宣抚使司,户撒、腊撒和猛板三长官司。
③ 六个设治局是民国政府为在土司地区改土归流,自土司区设置县的过渡性行政机构,包括梁河设治局,统辖南甸土司;盈江设治局,统辖干崖土司和户撒土司;莲山设治局,统辖盏达土司;陇川设治局,统辖陇川土司;瑞丽设治局,统辖猛卯土司和腊撒土司;潞西设治局,统辖芒市土司、遮放土司和猛板土司。

未建立县治；三是设治局未能掌握行政实权。故为了使腾龙边区"走上同于一般内地行政之常态"，提出了解决办法：（1）采取政治、经济和心理等办法废除土司。政治上土司袭职不再委任，明令废除土司制度，废除相关称谓，给土司和亲属国民身份，不给特权，任用土司为各级长官，废除土司军队并收缴武器。经济上确定土司私有土地，非土司应有之土地，由政府统筹办理，禁止土司向人民征税和派款，人民向政府而不是土司纳税，保障土司私有财产。心理上撤除土司衙署上的匾额，政府购买土司衙署，不能购买的去除与土司相关的痕迹，通过教育让人民不再崇拜土司。（2）废除设治局，在土司衙署所在地设置县政府，健全地方行政组织。（3）在腾龙边区土司地组织保甲，进行户口编查，提倡建立村落制度，实施《户籍法》。（4）禁止种植和吸食鸦片。傣族居住坝区，无种烟者，坝子四山产烟，大都是汉人向土司和其他民族转租田地种植。南甸土司境内产烟最多。禁政主要按八个方面办理。（5）选举自治。编者认为腾龙边区土司地的民选和自治，应暂行缓办。（6）设立民团和警卫。每县成立民团和保卫队，将土司原有的土兵及常备队，拨归县政府，改编为民国保卫队，将土司武器除自卫武器外，收购拨给民团和警卫用，招募景颇和傈僳等族为民团和警卫。（7）选择和训练边区的行政官吏。列出了选择行政官吏的条件以及训练办法。

腾龙边区的土地和垦殖。腾龙边区的土地制度大都盛行土地公有或土司头人独有制度，土地不能买卖，土司是境内唯一地主，人民是土司佃户。为了实现平均地权和耕者有其田，首先，需要实行土地整理，即在腾龙边区清丈土地，测量和登记土地，将土地分为耕地、林地、牧地、渔地、矿地、建筑地、交通地、军用地、风景地、荒地、山地等12类。其次，清丈土地后，就要确定地权，将矿地、军用地和交通地收为国有土地，将林地、渔地、牧地、风景地收为地方公有土地，将建筑地、荒地、山地暂归公管，然后再进行合理分配，耕地则一部分为土司私有，其他的暂归公管，再行分配。最后，在确定地权后，分配土地。腾龙边区土地可以分配给人民的土地是耕地、建筑地、山地和荒地。土地分配后就需要进行垦殖。因腾龙边区荒地多，且肥沃，地广人稀，因此，可以通过移民垦殖，成立垦务管理局进行垦殖。

腾龙边区的水利、交通、企业和农林植物。根据腾龙边区的区域特点，充分利用该区域的资源。

腾龙边区的医药卫生。在腾龙边区将设治局改县后，在地方推进卫生行政，每县设立卫生院，各区成立分院，乡镇成立卫生所，训练各保甲卫生员。选择适当地点建立医院，可在芒市、猛卯和干崖等三地，成立规模完备的医院各一所。组织巡回医疗队，在境内散居四山的景颇族、傈僳族和德昂族等边民居住地进行巡回疾病治疗。因该地瘴气重，需要改善环境卫生，主要是设置公共厕所、清除垃圾和畜粪、改良住宅、注意饮水卫生、排除污水等。

腾龙边区的教育文化。第一，要从四个方面确立教育方针：（1）边地教育以边民为对象，主要是人数最多的傣族，相对较多的景颇族、傈僳族和德昂族等，要避免之前在边地教育以汉人为主，避重就轻而失去边地教育的本旨。（2）边地教育与实际生活要发生联系，不能脱离边民的实际情况。（3）边地教育要避免与地方习俗相冲突。要尊重边民的宗教信仰和生活习俗，不能骤然更张，要循循善诱。（4）边地教育要适当用边地语文，但终极目的是统一国语，建立汉化教育根基，将边地语文逐渐废除。第二，要注重师资的培养和选拔，成立特种师资训练所，成立边疆学校，征集志愿者到边地从事教育工作。第三，要在边地建立学校，充实腾龙边区现有的省立小学，创办县立小学，推行保国民教育，在干崖土司地设省立师范学校，在芒市设立联立中学。第四，发展民众教育，像在昆明等地一样，各县设立民众教育馆，办民众识字和国语培训班，组织教育宣传队，以唱歌、电影、图画等形式对傣族等少数民族进行教育宣传。第五，教科书等的编写和使用。编撰符合边地的教科书，编写符合傣族等少数民族的民众读物，在边地创办简单的报纸，这些报纸可采取双语形式，使边民养成阅读新闻的习惯，再逐步省去少数民族文字，专用汉文，促进边民学习汉文。第六，对从事边疆教育的人员给予丰厚待遇，对边地学生给予优待。

腾龙边区的国防建设。向来腾龙边区无国防建设，故国防建设是边地开发的保障，需要调整滇缅界务和整理滇缅插花地和飞来村，需要建立国防军，训练边民捍卫边疆，实行军屯，在沿边地带建设关隘、兵营和碉堡。为了国防安全，外国人入境须领取护照。

腾龙边区的生活改进。腾龙边区人民生活需要改进之处甚多，主要是从习性、日常生活和宗教信仰等方面入手，需要革除傣族的柔弱懒惰，改景颇族的犷悍为忠勇，发扬傈僳族的坚毅耐劳精神，需要变革一些少数民族的服饰，调整少数民族的饮食习惯和住宅方式，改变少数民族的不良嗜好和习惯，同时指出了腾龙边区人民生活中存在的两大问题，即食盐问题和燃料问题。

为了有效实施《腾龙边区开发方案》，江应樑还在方案最后专列一章讨论实施办法，给出了四个原则：第一，方案实施的基本原则，即以教育文化为开化边疆的基本大业，以政治建设为开发边疆的原动力，以经济视野为推进教育和政治的助推器；一切设施，以改进民生和发展地方生产为原则；任何边疆建设，不应增加人民经济负担，不妨碍人民政策生活，不与腾龙边区风土人情相抵触。第二，成立边疆开发的执行机关，负责统筹执行腾龙边区开发。第三，通过呈请中央按年拨给开发经费、由政府机关投资经营、由地方自行生产、鼓励私人投资经营四个渠道，筹划开发经费。第四，要把握时机，趁滇西反攻之机，从事腾龙边区开发建设。

第五节　江应樑与《思普沿边开发方案》

思普沿边，主要是车里宣慰使司境，俗称"十二版纳"，"北起思茅，南尽镇越，东自江城，西至佛海，东西袤约二百五十公里，面积约五万五千方公里有奇"[①]，这一地区江河纵横，物产丰富，沃野千里，但山川险阻，为烟瘴之乡，到晚清时期，仍是一片神秘之地。民国时期，思普沿边自然条件得天独厚，境内坝子肥沃，气候温暖，物产富饶，矿藏丰富，故云南省府认为："思普沿边之开发，可使一个云南，变为两个云南"。

---

① 陈碧笙：《开发云南边地方案》，载林文勋主编《民国时期云南边疆开发方案汇编》，云南人民出版社2013年版，第498页。

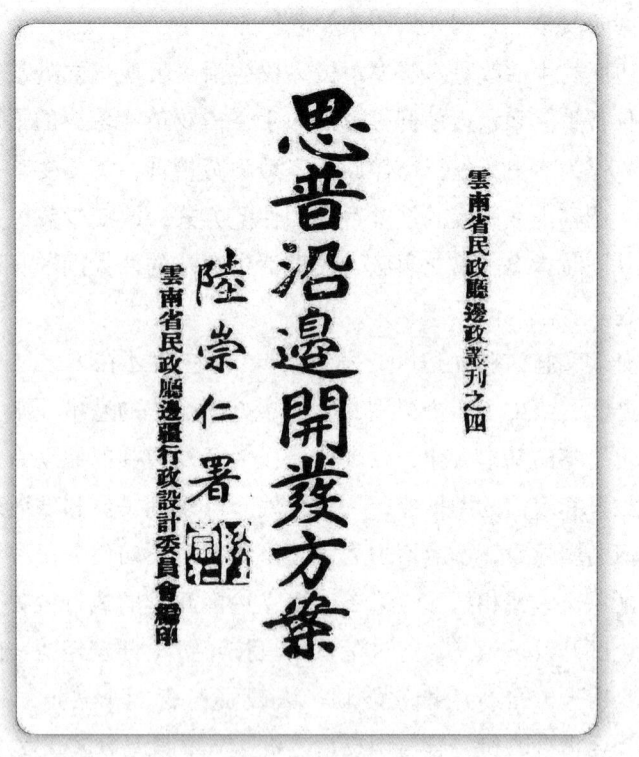

《思普沿边开发方案》封面

一、"今生不到西双版纳，死不瞑目"

江应樑多次傣族地区的考察经历，形成了江应樑傣族研究的全部学术脉络，对其在云南大学的傣族史研究产生了重要且深远的影响。他的傣族地区考察，最艰难的当属思普沿边车里宣慰使司地的考察。

自晚清改土设治，到民国十五年，思普沿边"十二版纳"都是由柯树勋统治管理。柯树勋（1862—1926），字绩臣，广西柳州马平县畴田村人，同治元年（1862年）九月十三日生。柯树勋从小聪颖，好交游，喜技击、走马和骑射，武庠生。光绪七年（1881年），越南战事起，柯树勋投入云贵总督岑毓英部总兵何元凤门下，授右营帮带。十年（1884年），柯树勋率清军攻克临洮、广威、不拔等府，法军战败和议后，柯树勋因战功，保升千总，随后以维西协会带，调往开广营帮带，防守红河。宣统二年

（1910年），车里土司境内勐遮、勐阿等土司叛乱，集中土汉兵万余人，反抗车里宣慰使刀承恩。柯树勋奉令率兵前往西双版纳，会合普洱镇总兵日围夜攻，击毙叛首刀正经，俘戮其余要恶，延续3年多的叛乱得以平息。柯树勋以平乱功，调署思茅厅知州，兼任副营务处，督带边防各营，统管善后安抚工作和改土归流事宜。三年（1911年），柯树勋奉公务往缅甸孟良时，注意考察当地政治。民国元年（1912年），云南省都督府授予柯树勋陆军少校军衔和金星奖章，以表彰他治边功绩，任命柯为普思沿边行政总局局长（后改为总署署长）。任上，柯树勋参考英国治理缅甸孟艮办法，拟具《治边十二条陈》上呈省府，获准施行。《十二条陈》内容主要包括：改流、筹款、官守、诉讼、交涉、实业、国币、通商、学堂、邮电、招垦、练兵。1913年，柯树勋经云南省政府批准，设立普思沿边行政总局，管辖车里宣慰使司境，内设司法、教育、实业、财政、交涉和翻译6科，柯树勋任总局长，在车里宣慰使司境内设流不改土，将十二版纳分为8个行政区，设8个分局，派员编查户口等。

柯树勋

柯树勋是进驻版纳时间最长的第一个汉族官员，他认真执行12条政策，治理版纳15年，与土司关系融洽，业绩斐然，至今仍为当地人传颂。他以清廉自律，不妄取。在沿边任职期间，各勐头人及过往商客常有馈赠，他将所得礼品、银器等物另置一室，从未据为己有，还常用来补充总局活动经费。他临终之时，将公私款项一一交代清楚。他重视国家领土安全，使虎视云南边界的英法等国不敢轻举妄动。他设立劝学所，在车里、易武等地兴办学校，劝导各民族子弟入学。1925年，云南省将"普思沿边行政总局"改为"普思殖边总办公署"，柯树勋任总办。1926年5月柯树勋因病去世于车里，云南省府公葬于澜沧江东北岸之白花山，追赠陆军少将军衔。遗著有《普思沿边志略》（西双版纳第一部地方志）和《龙江诗稿》《一得轩杂说》各一卷。

柯树勋去世后，后继无人，思普沿边的开发无所进步，且交通闭塞，瘴气肆虐，开发一直未能提上日程，居民仍生活在原始状态，文化相对落后。在此背景下，《思普沿边开发方案》提上日程，其完成与江应樑对思普沿边的期待和调查密切相关。

江应樑对傣族情有独钟，傣族在云南的主要聚居区有三处：一是腾龙边区的滇西傣族土司区；二是思普沿边，即车里宣慰使司（今西双版纳）；三是在腾龙和思普中间的耿马、孟定等土司地。1937年至1941年，江应樑先后考察了腾龙边区耿马、孟定等地。1941年寒假，江应樑往耿马等傣族土司地，从保山出发，南行经昌宁、凤庆、云县和临沧，到孟定和耿马，1942年2月结束对该区域的考察，返回保山。这次耿马孟定行，因在保山遭到日本侵略者十几架飞机的轰炸，人虽未恙，"惟这次调查所得的资料，片纸未曾携出"。江应樑将耿马等地傣族与腾龙边区傣族进行比较研究发现，两地情况大体一致。虽受惊吓，但江应樑对于边疆开发的兴趣并未降低，尤其是关于傣族的调查研究，他认为思普沿边的十二版纳，即元明时期的车里宣慰土司地，是傣族的大本营，民间保有的生活形态，较腾龙边区和耿马、孟定两地更为原始，"我若能到此一带地作一度考察，则我的摆夷研究可不必冠以'西部'两字，而可写一本整体的云南摆夷了"①。当时江应樑因一直未能到思普沿边去考察，念念不忘，暗立誓言，他晚年说：

> 我去西双版纳的心不死，大有今生不到西双版纳，死不瞑目之概。当时要到西双版纳，事实上有两重困难：一是交通不便，马站要走三十多天才到车里（今允景洪），而且沿路盗匪如毛；二是当地通用的货币是滇铸半开银元，用不断贬值的国民党的法币兑换银元，这笔考察费就大得惊人。我的一位老师把我介绍给云南的财阀陆崇仁（他刚从云南财政厅调民政厅），他答应补助我一笔考察费，但要我先为他做点装门面的工作②。

机缘巧合，这时陆崇仁任云南省民政厅厅长，成立了云南省边疆行政设计委员会，在刘幼堂的推荐下，江应樑任主任，并着手编写边疆开发方案。先后编成了《大小凉山开发方案》和《腾龙边区开发方案》，但因江应樑对思普沿边毫无认知，《思普沿边开发方案》便未完成。因此，他决定亲自前往思普沿边进行考察。为此，江应樑奔走游说，争取经费，确定人员，组成了一个多学科的考察团，开始踏上了前往思普沿边的征程。

这次考察西双版纳，自1944年12月17日起，至1945年2月8日到达今西双版纳勐海县勐遮乡，历时54天，其考察之艰险，从江应樑《思普沿边调查报告·纪程》中节选几段，即可窥知一二：

> 泥水田至老茶几——十二月二十三日　阴
>
> 晨六时整理已毕，但马夫载驮迄九时始出行。由泥水田至大塘全为下坡，行之五六小时未见山麓，巉岩峭壁纯为单边路（此为马帮中相沿成习之名词，即路之一边有山丘或平地，而另一边则陡峭而下），崎岖难行，马亦仰翻三次，余之皮箱一只即于此路坠入危崖，深可卅丈，幸坠下处乱草丛生，尚能寻获，设再前

---

① 江应樑：《我怎么研究西南民族》，《文史春秋》1948年第2期。
② 《江应樑自述》，载《世纪学人自述》（第3卷），北京十月文艺出版社2000年版，第315页。

十数步，则为深渊，纵可见亦不可取矣。如是险奇之山道，众皆不敢乘马，策杖以行。

通关哨至上把边——一月十日　晴

八时一刻由通关哨出发，下坡行，坡势陡峻，而复乱石载道，颇不易行，众皆望路兴叹。坡之上段名"三之坡"，下段名"漫刚坡"，坡尽，侧至漫刚河岸。河面宽可卅丈，现时枯涸，仅中央有细水淳淳，马行漫刚河底。南面可至把边江，西面未几，即至哨牌，休息开哨焉。开哨后沿江岸西行，甚为平坦，过铁索桥（名运通桥），桥长而晃荡。桥以铁索链成，中架木板，每次只容三马行，但尚晃荡不已。过桥后为江之南岸，沿岸西行，山坡甚平，偶有起伏。中途忽闻枪响，山鸣谷应，不知来自何处。下骑缓行，如临大敌。五时许抵上把边（现名宏义乡）。月前此地来盗匪六七十名，区长被害，保卫枪支尽为劫去，以故，往此者咸存戒心。今日途中天气甚热，有如昆明之夏日，但过铁索桥后，行于山阴，又复转冷。上把边冬季可结冰，传闻铁索桥西四五里有一哑井，人饮此水可至失声，惜一途来皆未见及。

烂泥坝至思茅——一月十八日　晴

此地气温虽仍为摄氏三度，但无浓雾，故不觉阴湿之气袭人。八时启程，经田坝、那棵里、快桥箐而至坡脚，此后即为上坡路。其中二台坡尚易行，斑鸠则高峻险峙。……当在二台坡时，余所乘马性劣，不听指挥，尽择小道而行，忽遇一不通之小路，此马竟直下峭壁，枝柯交错，余帽为之脱，又一枝横勾而来，暖壶亦为之粉碎，险极！大呼求救，马夫趋来拉马回头，始得化险为夷。

讯房至那蒙——一月二十四日　晴

晨六时起，迄八时始整理就绪出发。因近日途中多匪又多野兽，故队伍大加整饬，除原有之卫兵外，又请地方派人护送：鸣

锣开道，以驱野兽；旗帜鲜明，以正视听。商民旅客多附队以行。……十二时复前进，经漫雪坝，而上雷打坡，树木阴森，土匪即无日无之。故闻打雷坡三字，行人莫不戒备。坡尽，下为笼笼河，再经麻栗树，一路均在森林中行，只闻鸟鸣马嘶，急走以前。经茶树林，过大河，然后递上坡，名为无理菁，亦称雾里菁，顾名思义，亦可想见其大概情形。此处更较打雷坡为危险，普藤区长数旬前过此，被土匪击毙随从卫兵二人①。

从江应樑的记录来看，这次思普沿边之行可谓险象环生，但这次考察为他下一次前往西双版纳打下了坚实基础。江应樑到思普沿边的考察历时数月，返回昆明后，他即着手编写《思普沿边开发方案》。

二、《思普沿边开发方案》编写　西双版纳田野调查

《思普沿边开发方案》，江应樑编，云南省民政厅边政丛刊之四，是云南省边疆行政设计委员会拟制"全省边疆分区开发方案"之第三种，1945年出版，共11章，分概况、行政、土地、交通、垦殖、农林建设、企业、矿冶及盐产、卫生建设、教育文化和方案实施办法，附《思普边区开发方案略图》。该方案初稿完成后，还进行了进一步的修订，"仍遵省府指示，分别函经有关厅、处、局会核订正。由财、建、教三厅，暨企业、地政、公路局，详予研究，分别修正。更据卫生处签呈补充意见，均经采入，而是成稿"②。

---

① 江应樑：《思普沿边调查报告·纪程》，载江晓林《江应樑传》，广西师范大学出版社2005年版，第116至119页。
② 《思普沿边开发方案·序》，载林文勋主编《民国时期云南边疆开发方案汇编》，云南人民出版社2013年版，第99页。

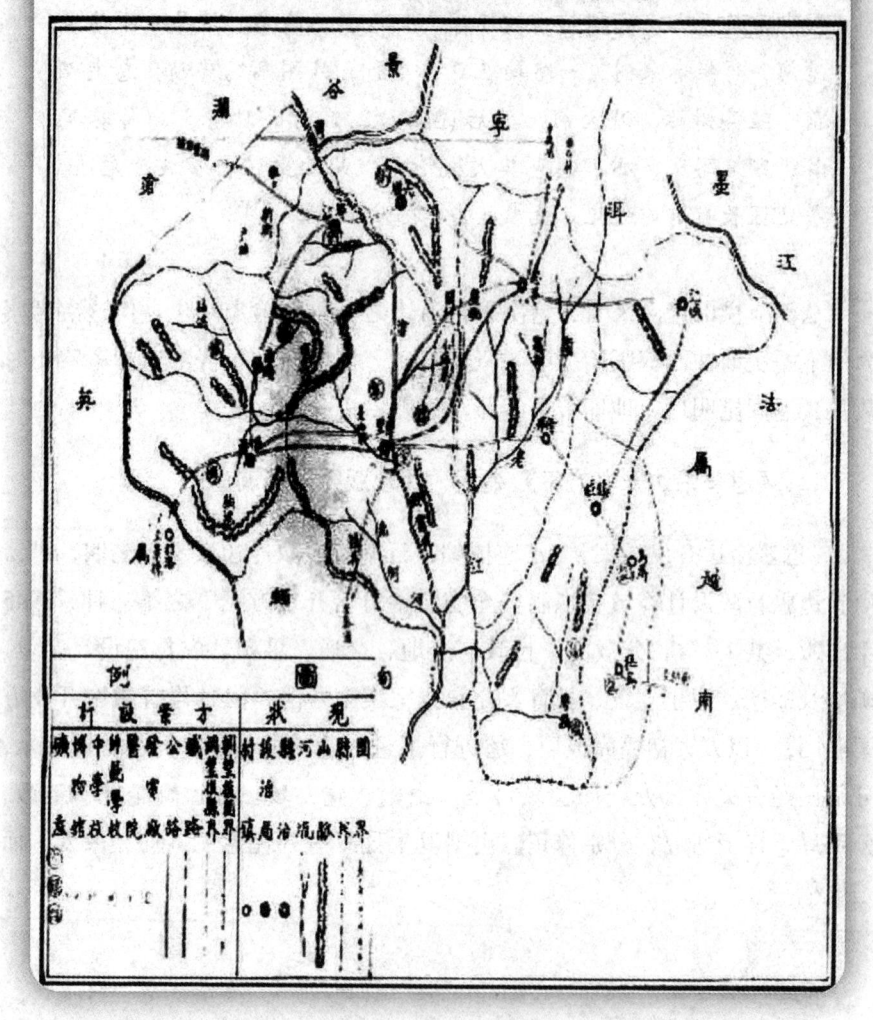

《思普边区开发方案略图》

思普沿边"东界越南，与勐乌、乌得连界。东南与越南勐幸接界，正南与缅甸勐岭连界，西南与缅甸景栋（又名孟艮）连界，西与缅甸大勐养连界，北与澜沧、思茅、宁洱衔接。全境面积约计2万余平方公里，计包括车里、佛海、南峤、镇越、江城、六顺等6县，及宁江设治局"，人口总计约18万余，以傣族为主要土著。因此，该区域开发的一大特色就是为了便于行政治理，进行了区域的调整，将思茅县划为边区，六顺县裁撤划归思茅并为一县，将思茅县属的倚邦土司地划归镇越，改宁江设治局为宁江县，向越南收回乌得、猛乌，这样就可以在思普沿边设置7县，即车里县、佛海县、南峤县、镇越县、江城县、宁江县和思茅县。

思普沿边虽已设流30多年，土司统治力不及腾龙沿边雄厚，但仍有一定权力，很多政策无法执行，土司仍操控支配当地人民，因此，需要废除宣慰及各土司名义，不再加以委任；需要取消宣慰土司司法权，禁止宣慰土司干预政令；取消土职赡养费，将土司议事庭合并为县参议会，改勐寨组织为保甲制度。在对土司制度进行改革后，要健全县政制度，具体措施有：（1）慎选边官。边官需要廉、信和实。（2）提高边官待遇，使其收入合理。（3）边官任期应延长，一经任用，非有过失或不能胜任，不应轻易调换。（4）县长应抛开土司直接亲民。（5）在思普沿边各县建立县政府官署，以树立政府威仪而使人民有所景向。（6）设立行政专员，专事统辖该区域7个县，专员公署设于车里县。

思普沿边地广人稀，土壤肥沃，物产富饶，为云南省其他边区所不及，该方案因此主张整理土地，进行垦殖，思普沿边待垦荒地数量，根据云南省建设厅调查，共约1000多万亩，又据农林部垦务总局1943年所编的《全国荒地初步调查简报》所载，思普沿边7线待垦荒地数量达468万亩，在国内其他地区，具备这样优越条件的垦殖区，尚不多见，故需要移民到该地进行开垦，主要通过将邻近区域汉人移入，以及将华侨移入，将沦陷区难民移入，将退役军人移入。此外，还要制定相应的移垦办法，如成立垦务管理局，根据垦殖制度，实现耕者有其田，利用边区开荒优良条件，树立合作或集体经营制度，鼓励组织民营垦社，遵照政府边疆移垦条例，向管理局请领荒地开垦，由政府筹拨款项，实行优待垦民的办法。在垦殖的基础上，进行农林建设，主要种植在本境已有的稻谷、茶叶、樟树、棉花、甘蔗、桐树、紫梗、真荆、竹子、构树和各种果类等，除此之外，还应种植在本境内尚未盛行的经济作物，如橡树、咖啡、麻、蓖麻、豆麦和菜蔬等。为了使农林建设有所成效，需要从改进相关技术入手，首先是选种籽，劣种淘汰，优良种普遍种植。其次是改善耕种方法，提倡种植小春，利用肥料，采取勤耕法，要除害虫。再次是兴修水利，如普遍修

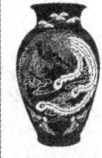

筑水沟，加强水利建设。进而是进行边地合作事业，这是农业改良和增产的基础工作。最后是农业工业化。

该方案还针对思普沿边交通闭塞、瘴疫肆虐等情况，特别规划了交通、矿产及盐产和卫生建设等方面的开发方案。"倘照方案交通计划，铁路公路全线完成，则东通越南，南达泰国，西入缅甸而至印度，使十二版纳，成为国际交通之枢纽，则开发本区之价值，当远远超乎常人想象之外。"本方案同样强调开发原则，方案中的事项，相互关联，应统筹并进，互相辅持，其原则大致跟《腾龙边区开发方案》相同。

江应樑写成了《思普沿边开发方案》后，辞去云南省边疆行政设计委员会主任一职，"决定先确定一个典型的边疆民族县作试点，自己先到那里进行开发建设实践"。他选择了思普沿边的车里县，之所以选择该处，据江应樑儿子江晓林讲述，江应樑考虑："从操作层面上说，他亲自拟写的《思普沿边开发方案》已经通过省府核准，实施起来有章可循，对各种可能遇到的干扰、牵制比较好应对。从实施的意义上看，思普沿边闭塞落后，交通十分不便，更具典型性。此外，他个人还有一种'私心'：他的傣族研究还需深入到西双版纳进行，到车里任职，能了却这长期未了的心愿"①。关于为何就任车里县县长，江应樑在1948年说的跟上述相似，他写道：因"为云南省政府写了几个边区开发方案，云南边疆概况等小册"，再次提出考察十二版纳的请求，"当局善意地为我筹划，若以考察的名义派我入边住一年，需要千万元以上的费用（那时国币一千万月值黄金五十两），省政府尚无此份公款可支用，如我真想要如边，莫若去做夷人边地县长，既可实验我的治边理想，也可达到我的考察愿望。于是，在三十四年的七月，我真的以车里县县长的名义而走入十二版纳的摆夷群中了"②。当时陆崇仁告诉江应樑，车里县县长刚好出缺，那里不征兵，不纳粮，县的事务由土司管理，土司按户收税给县长，陆崇仁让收到的户税作为江应樑的调查费用。故1945年，江应樑前往思普沿边任车里县县长。做车里县县长，江应樑认为要取信于边民，以达到学术考察的目的，他准备在思普

---

① 江晓林口述，张昌山撰文：《我的父亲江应樑先生》，《思想战线》2012年第3期。

② 江应樑：《我怎么研究西南民族》，《文史春秋》1948年第2期。

边区留住两年，第一年收拢民心，让边民把自己当朋友，"不要以狗或饿虎视我"，第二年开始利用这种关系，在边地进行系统的考察。

1945年8月，江应樑到达车里县政府所在地景洪，三天后即传来抗战胜利的消息。9月，他拟订了《车里县政府一年施政计划》。这份施政计划是江应樑编写的，它详细说明了车里县政府一年的施政原则和具体举措，与其编写的各边区开发方案一脉相承。这一年的施政计划只是江应樑计划在车里县进行边疆开发的第一步，后续他应该也提出了设想。经过不到半年的实验，江应樑在车里县的实验初见成效，"未到半年，在夷民中已收到了传教士般的效果"，但是恰逢云南省政府改组，"新任的一位民政厅厅长是连'边疆'两字也解释不出来的"[①]。江应樑车里县县长之行，展现了他努力将自己的学术研究应用于实践，以期用自己的学术为云南省政府的边疆开发和建设做贡献，让学术为社会服务，这是抗战时期很多知识分子的追求和期盼，但是江应樑的经历告诉我们，学术与政治之间的差距巨大，学者的书生气息很难融入官场之中，他最终也黯然离开官场，其云南边疆开发计划也无疾而终。

当江应樑发现，靠一个县长要实现《思普沿边开发方案》中的设想几乎不可能后，他便将重心转移到了学术研究上。不到半年时间，他与当地傣族之间的关系很融洽。于是，他将大量时间用在傣族地区的田野考察上，到西双版纳各地，甚至到了泰国北部做了短暂的调查[②]。在车里县并未待满两年，江应樑接到了妻子去世的噩耗，便放下官印，匆匆赶回了昆明。江应樑离开西双版纳后，虽短暂离开了傣族地区的调查研究，但他开始整理十余年间实地调查傣族的相关内容，出版了一系列书。

---

① 江应樑：《请确定西南边疆政策》，《边政公论》1948年第7卷第1期。
② 江晓林：《江应樑传》，广西师范大学出版社2005年版，第123页。

《车里县政府一年施政计划》封面

三、重登光明彼岸　又见学术春色

中华人民共和国成立后,在云南大学任教的江应樑又迎来了到边区调查的机会。1950年9月,江应樑应邀参加中央民族访问团第二分团,负责到西南地区各少数民族地区进行访问,江应樑是团里唯一的民族史学家,他换上了解放装,头戴解放帽,脚踏帆布绑腿鞋,以极大的热情投入到边地调查访问之中,留下了数十万字的调查资料。从1950年9月至次年1月底,江应樑随访问团到了滇西保山、芒市等地,作了大量调查研究。中央访问团对滇西傣族土司进行访问前,在访问团团委会议上,江应樑介绍了整个滇西傣族土司之间的姻亲等关系,他说:"刀京版与龚绶两人在诸土司中是最具影响的人物,刀京版的父亲刀安仁早年东渡日本留学,是辛亥革命的倡导者之一,被孙中山誉为'中华精英,边陲伟男',刀京版深明大义,对边疆解放态度积极明朗,……而南甸老土司龚绶家族中的女性嫁到各土司家的最多,过去当地民间就戏称龚绶为土司的'总丈人'。他是一个关键性的人物,争取到龚绶,就稳住了许多土司家庭,而一旦龚绶出走,就会影响一大片"①。

在芒市欢迎中央访问团的座谈会上,江应樑与多年未见的刀京版、龚绶再次相遇,他们都是熟人,江应樑与他们叙旧的同时,以自身经历和感受向他们宣传中国共产党的民族政策和民族工作。这次座谈会,江应樑感触良多,他发现当地民众被真正发动起来,反抗土司的剥削苛索,人民真正实现了当家做主。江应樑的意见,对中国共产党和当地政府处理民族上层工作起了重要作用,龚绶最终留在了中国,还发出了"共产党真伟大"的感慨。

1951年9月,江应樑以云南大学教授身份,应邀出席了在北京召开的第一届全国民族教育会议。对此他异常激动,因为他一直以来都关注边疆民族教育问题,他在编写云南各边区开发方案时,非常重视边疆民族教育问题。北京之行,江应樑如是说:

> 在北京整十九日,是生平最痛快的一段时间,踏着伟大的人民首都的土地,见到毛主席,听到周总理的报告、朱总司令的讲话,参加了热烈的国庆检阅,会议中提到了我……这些,我一点一滴都不愿忘记②!

中华人民共和国成立后,江应樑的心路发生了翻天覆地的变化,开始鼓足干劲,在云南大学从事民族史的教学和研究工作,并积极参加国家的少数民族社会调查等田野活动。1956年,江应樑参加了费孝通率领的"云南民族调查组",进行调查研究工作,负责傣族研究。

---

① 江晓林:《江应樑传》,广西师范大学出版社2005年版,第166-167页。
② 江晓林:《江应樑传》,广西师范大学出版社2005年版,第168-169页。

第五章 殊途同归：云大史学对"衙门里的学术机关"研究传统的承续

民国时期，云南省边疆行政设计委员会是当时云南省的边政机关，被称为"衙门里的学术机关"。该机构自成立之初，便汇聚了一批研究边疆问题的学者，主任江应樑是当时著名的学者，他为避免将该机构变为人浮于事的官僚机构而使其成为学术化的机构，"在研究调查上和各大学、学术机关、学者们发生着联系，邀约了许多同道及边地青年到会里工作"①，于是，他聘请了西南联合大学和云南大学的陈序经、吴泽霖、李景汉、张印堂、罗常培、陶云逵②、徐嘉瑞③、方国瑜、刘尧民④9名教授为顾问，可谓大师云集，学术观点争鸣不断。这些顾问中，陶云逵、徐嘉瑞、方国瑜和刘尧民都曾在云南大学任教，加上江应樑，由此可见，云南大学在其中的作用，以及该机构将对云南大学产生的深远影响。

云南大学是一所地处中国西南边疆的综合性大学，自建校即开始注重中国边疆史地和中国民族史的研究，是中国边疆史研究和中国民族史研究的重镇之一，取得了丰硕的学术研究成果和调研咨询报告，积累了丰富的边疆研究和民族研究的资料、经验，以及浓厚的学术传统，在今天国家的西南边疆重大战略选择和政策制定中扮演重要角色，受到国内外学界的肯定和重视。这些成就的取得，是云南大学几代学者长期努力的结果，而江应樑主持的云南省边疆行政设计委员会及其成就，有云南大学的身影，是

---

① 江应樑：《我怎么研究西南民族》，《文史春秋》1948年第2期。
② 陶云逵（1904—1944），民族学家、人类学家，曾赴云南丽江、中甸、维西，及滇缅和滇越边境进行了两年的田野调查，既做体质人类学研究，又调查少数民族风俗文化习惯。抗战爆发后，任云南大学教授，1944年患热病在昆明逝世。
③ 徐嘉瑞（1895—1977），字梦麟，云南大理人，1938年任云南大学文史系教授，著有《大理古代文化史》等。
④ 刘尧民（1898—1968），字治雍，云南会泽人，教育家，1941年任云南大学文史系教授，1951年重返云南大学任教，1968年去世。

云南大学边疆研究和民族研究学术史上不能忽视的重要阶段，它对云大史学发展，以及在开拓和继承云南边疆学术宝库上具有重要的贡献。

陶云逵（右）

第一节　云大史学跨学科研究的传统

　　云南省边疆行政设计委员会在边疆开发中取得了一定成效，在云南边疆开发史，乃至中国边疆开发史上都具有独特作用。江应樑创办的《正义报·边疆周刊》和编写的云南边地开发方案，是云南省边疆行政设计委员会的主要成就。如上述，《正义报·边疆周刊》刊登了方国瑜等西南边疆民族研究学者的大量论文，云南边地开发方案也是在江应樑进行多次实地田野调查的基础上编成的。可以说，这些成就，江应樑等学者功不可没，而江应樑等又对云南大学民族史和西南学建构等做出了奠基性贡献，开创了云大史学跨学科方法的探索与实践传统。

1926 年，江应樑考入了暨南大学历史学专业，从事民族史等研究，但他发现正史等资料有所缺失。1936 年，他以《西南民族研究计划》一文报考中山大学历史语言研究所，师从朱谦之和杨成志，开始接受人类学学术训练。其实，在这之前，江应樑就已经开始思考跨学科方法的问题，1948 年他在《我怎么研究西南民族》一文中这样说道：

> 我从事西南民族的考察研究，始于民国二十五年，不过，对于西南边疆的夷人，却是自幼便有多少断残零碎的见闻的。我是出生在昆明的广西人，广西的老家邻近，散居着不少瑶人、僮人、侬人，祖父、父亲宦游云南，亦曾到过若干有摆夷、倮等夷族的散居县区，因是，我自幼便习闻长辈们谈到这些边民的特殊风俗习惯，这在我幼年的记忆中，是一些不可磨灭的印象。稍长后，从记载中使我对边夷由好奇进而想求到了解，这样直到大学毕业，虽然我读的是历史而且偏重中国民族史，但却不敢把自幼所习知而久欲明白其究竟的西南边疆夷族来作为追求的对象……①

江应樑虽在暨南大学学习历史学，研究民族史问题，但却发现文献资料的不可靠，"从书本上所得到的西南民族知识，可以说是愈多涉猎而愈搅不清，始终理不出一个头绪"，于是，他开始思考跨学科方法研究西南民族问题。考入中山大学，因为"他们对边疆民族尤其是民俗学的研究方法比较进步，从田野工作中寻取的新材料，来澄清过去书本上的分期错误记载。我倾心于此种新的研究方法，所以便决定把我的学问对象，集中到这一个小圈子里"，西南民族研究成为江应樑"终身学术研究的对象"②。

在西南民族研究中，江应樑最重要的研究是傣族研究，这一领域研究能获得如此成果，与云南省边疆行政设计委员有很大关系。1943 年，云南省边疆行政设计委员会成立，江应樑任主任，主持创办《正义报·边疆周

---

① 江应樑：《我怎么研究西南民族》，《文史春秋》1948 年第 2 期。
② 江应樑：《我怎么研究西南民族》，《文史春秋》1948 年第 2 期。

刊》，并在上面发表了一系列民族研究相关文章，编写了《腾龙边区开发方案》《思普沿边开发方案》等。这些成果的出现，与江应樑的田野调查密不可分，也为之后的傣族史等研究奠定了基础。1943年9月至1945年7月江应樑主持云南省边疆行政设计委员会期间，是其跨学科研究方法实践的重要阶段，这种跨学科方法研究实践成为他在云南大学奠定民族史研究地位的重要保障，并为后来云大史学所继承。他的这种传统，在傣族史研究中展现无遗。

江应樑著《傣族史》封面

　　江应樑得以全面考察傣族地区是在其成为云南省边疆行政设计委员会主任委员后，傣族史研究是他学术道路上堪称用力最勤的领域，这与他始终坚持田野调查与文献研究相结合的跨学科研究方法有关，因而使其对傣族史的研究达到了前人所未有的深度和广度，并为云南大学民族史研究的跨学科研究传统奠定了基础。江应樑一生致力于西南民族史研究，范围颇广，著述颇丰，但中华人民共和国成立后，他的主要研究领域是傣族史研

究，他所著的《傣族史》无疑是江应樑学术中最重要的著作。该书从酝酿到成书，历经近 30 年，不仅凝聚了他长期在傣族地区的人类学田野调查的研究成果，也是他将田野调查与文献研究相结合的跨学科方法研究的成功典范。

1953 年，大学院系调整，江应樑被调到云南大学历史系工作，讲授傣族史，开始全身心投入到教学研究工作，《傣族史》就是他在上课过程中写就的。他这样讲述自己编写《傣族史》的经历：

> 我虽然早在三十年代①就已到过傣族地区，也发表过一些有关傣族的文章，但都是用人类学的观点写的，没有系统涉及傣族历史，也没有看到过有人写过傣族史，只有基本外文涉及泰族或掸族历史的著作，现在要作为一个专史课来讲授，就得先勾画出一个傣族历史发展的轮廓，除了利用我旧有的资料外，还得埋头到故纸堆中去搜寻②。

从江应樑的自述中可以看到，《傣族史》的撰写与他民国时期的田野调查和在云南大学讲授傣族史课程密切相关，且明确指出了将田野调查资料与"故纸堆"相结合研究傣族史的跨学科研究方法。

江应樑将教学工作和研究工作相结合，不作泛泛之论，而是深入探讨。由于傣族史教学的需要，推动了他对傣族相关历史问题的研究；同时由于各方面研究不断取得成果，也提高了他的教学效果，可谓教学和研究相得益彰。1956 年，江应樑的《傣族史稿》讲义编成，讲了 4 次，在讲课中不断修改，并加入了少数民族文献资料，1962 年编成《傣族古代史》，刻印上下两册。改革开放后，他又将《傣族古代史》与之前的田野调查资料和发表过的文章进行整合，重新编成了一部完整的《傣族史》，1983 年由四川民族出版社出版，共 47 万余字，10 章 38 节。该书是江应樑把教学与研究工作相结合得很好的典范，凝聚了江应樑一生的心血，是我国首次

---

① 指 20 世纪 30 年代。
② 江应樑：《傣族史》，四川民族出版社 1983 年版，第 650 页。

出版的第一部傣族历史，具有很高的史料价值和学术价值，被学界认为是中国当代傣族研究重要的经典的代表作。

《傣族史》最能体现田野调查与历史文献相结合的跨学科研究方法的是近现代部分。1937年至1946年，江应樑利用各种关系和职务之便，曾长期深入傣族地区进行田野调查。1958年至1960年，他参加了云南民族调查组。1964年中山大学副校长陈序经到云南调查少数民族社会历史，云南省政府委托云南大学协助陈序经先生调查，云大则将这一任务交给了江应樑，两人是老朋友，江应樑陪同陈序经考察了西双版纳和德宏。江应樑曾言："这几次的考察资料，便是我写作本书及其摆夷论著的依据。"江应樑很好地将这些未见于传统文献中的资料与正史等历史文献资料相结合，写成了《傣族史》，这是江应樑民族史研究的最具特殊的部分。

江应樑无论是创办主编《正义报·边疆周刊》，还是编写开发方案，都试图打破民族学与民族史之间的学科壁垒，终其一生都在践行这种研究理念。他将田野调查视为多学科融合产生的结果，是"综合历史学、社会学、人类学、民族学、考古学、地理学诸种学科混合运用而成的"。江应樑将跨学科研究作为他傣族史研究的重要方法，他认为民族史研究不仅要重视田野调查，也应重视历史文献等资料。《傣族史》是其将历史文献与田野调查完美结合的结晶之作，也是教学工作与研究工作相结合的典范之作。

这种研究范式，充分体现了江应樑跨学科思想的前瞻性，开启了云大史学研究教研相长的先河，推动云大史学研究由传统史学向新史学研究的转向，展现了云大史学研究，内容丰富，视野广阔，范围宽广，跨学科的魅力成为云大史学的一大特色，学术传承清晰，代代相传，从未间断，延续至今，展现了云大史学深厚的学术传统。

第二节　云大史学学术研究与政治现实结合的传统

民国时期，服务于中华民族伟大复兴的学术抱负，是江应樑那一代"后五四"知识分子的共有品质和历史使命。江应樑研究西南民族的终极目的是开发西南，建设边疆，服务于中华民族的伟大复兴，1936年他在

《西南民族研究计划》中写道：

> 今日言救中国者，莫不谓根本决策在复兴中国民族，但欲求民族之复兴，首须彻底了解民族中各个体之现实状况，进而谋解除各个体间的隔膜，使统一于一个目标，使可与言复兴之道。西南民族其数不算少，与国人之隔膜却最深，国人对其生活实相之了解亦及模糊，故对西南民族作实际之研究，实即复兴中华民族之初步切要工作①。

江应樑这种学术研究为开发边疆、为中华民族伟大复兴服务的经世致用思想，以及学术与政治现实相结合的治学理念，在他参与筹建和主持云南省边疆行政设计委员会中得到了最好的体现，故他呈准云南省筹建云南省边疆行政设计委员会时指出：

> 云南边疆之不谋开发，对于抗战建国影响极大，而过去边疆之未被开发，边民之被歧视，实由政治设置欠周，因呈准于民政厅内设立边疆行政设计委员会，罗致专门人才，设计计划②。

在《正义报·边疆周刊》发刊词上，江应樑也明确表达了学术与政治观点：

> 一切发展与开化之计划，皆须根据学理为基础，这固可不必再加申述。惟此所言之学术，实有两重意义，一是指事实方面而言，再则指学术本身的研究言。……政府帮助他们（按：专家）作学术上的考察，学者则供给政府以开边的参考，则当边疆收到

---

① 江应樑：《西南民族研究计划》，1936年，未刊。
② 江应樑：《边政研究工作在云南（通讯）》，《文史杂志》1945年第5卷第9、10期。

开发的成效时，学术上也定必出现不朽的作品①。

江应樑在任职云南省边疆行政设计委员会主任期间，充分发挥了自己的民族史边疆学专业特长，一直履行着这种学术与政治现实相结合的理念。他一方面想将学术研究运用于政治实践，另一方面又始终未忘学术追求，试图通过学术与政治相结合，更好地实现自己的学术研究目的。从结果来看，他运用自己的学术专长，帮助云南省政府拟订了云南边区开发方案，又通过政治的实践，实现了到思普沿边西双版纳傣族地区实地进行田野调查的愿望。

除了将学术和政治相结合，江应樑还在任职期间有了实现学术理论研究与政治实践相结合的魄力，并付诸实践，他说：

> 我们大家都抱着一个实际去做的野心，在时机成熟时，准备把委员会移殖到边区，实际去执行一个方案，把理论与实际配合起来，把研究与实行相辅并行，或者有所成绩贡献给社会②。

江应樑为了实践云南边地开发理念，前往思普沿边车里县任县长，制订了《车里县政府一年施政计划》，踌躇满志，准备施展抱负，但他的这次实践出现了理想与现实的冲突，学术研究与实际政治之间差距巨大。他因妻子离世辞职返回昆明，却被当时云南省民政厅厅长怀疑是为了从思普沿边贩卖鸦片，为此他深感"生平也未受过此侮辱"，他放下辞呈扭头就走。民政厅厅长却认为江应樑侮辱上司，给予他"先行记过二次，然后准予辞职"③。就这样，江应樑最终草草结束了自己的从政经历。

江应樑无论是从政还是从教，都从自己学术专长出发，试图将学术与政治相结合来实现自己的学术抱负。在国难当头时期，他出于一个知识分

---

① 江应樑：《开边已至实行时期》，《正义报·边疆周刊》1943年10月23日第1期。
② 江应樑：《边政研究工作在云南（通讯）》，《文史杂志》1945年第5卷第9、10期。
③ 江应樑：《请确定西南边疆政策》，《边政公论》1948年第1期。

子的社会责任感,希望用自己的学术专长为国家边疆开发贡献力量,以知识服务社会、服务抗战,为抗战建国贡献自己的力量,这充分展现了他的爱国主义情怀。

这种理念和情怀是江应樑一生的追求,从他在云南大学从教 30 多年直至逝世,他培养了很多像他一样有情怀的历史学者。他将学术研究与国家边疆民族政策相结合的实践,为历史学如何处理学术与政治现实之关系树立了很好的榜样,为云大史学研究者所承续,薪火相传,形成了云大史学研究始终与国家重大战略选择和政策制定紧密结合,始终与云南省的社会发展、沿边开发紧密结合,为建设边疆、巩固边防服务,始终为维护国家统一、边疆安全和民族团结服务的传统。在新时代,江应樑的这种理念和精神,为云大史学如何加强对西南边疆民族史研究,为中华民族伟大复兴,以及中华民族共同体建设提供了重要的历史镜鉴和学术价值。

第三节 "通古今之变":云大史学的智库研究传统

当今世界,治世兴邦,富民强国,智库越来越扮演着重要角色。智库是中国软实力的集中体现,是实现中华民族伟大复兴的智力支撑。云南省边疆行政设计委员会可称为近代云南省有关边疆问题的"智库"。

云南省边疆行政设计委员会,有自己的组织架构,有自己的学术交流平台——《正义报·边疆周刊》,本质上是一个研究西南边疆问题的共同体。江应樑、方国瑜等云南大学教授在《正义报·边疆周刊》上发表了很多研究成果,在亲历边区考察研究的基础上,提出了很多边疆开发和建设的意见,很多认识不乏真知灼见和远见卓识,使云南边疆研究在当时达到了一定的高度和深度,他们的意见对政府制定边疆民族政策提供了重要的建议。又因《正义报·边疆周刊》是公共媒体性质,能引导社会舆论,在政府、学术界和社会民众间起到了沟通的作用,使边疆研究成果上可达政府,下可及民众,能有效地发挥社会影响力。

云大史学研究,始终与国家重大战略选择与政策制定紧密结合,为维护国家统一、边疆安全和民族团结服务。云大史学研究中的"智库"传统可追溯到私立东陆大学成立之始。1923 年 6 月,私立东陆大学校长董泽曾提出筹设滇边调查部，其背景是中英滇缅界务悬案后，我国长期政局动荡，英国乘机将其边界要求付诸实践，对滇缅北段争议区实际占领和经营；其宗旨是培养涉藏研究和东南亚研究，以及治边人才，为国家提供巩固云南编发和发展边疆的治策，但建议未能付诸实践。但是，真正具有"智库"性质，并付诸实践的当属江应樑创办的《正义报·边疆周刊》，以及编写云南各边区开发方案，这些方案对云南边疆开发提出了很多合理意见，有些建议至今对中国西南边疆乡村振兴事业依然具有重要借鉴意义。在以江应樑为代表的一批专家学者的努力下，云南省边疆行政设计委员会在短时间内，对云南边地进行了大量田野调查的研究工作，对边区开发提出了系统性方案，体现了政府与学者、政府与学术、学术与公众的互动，初步具备"智库"的一些基本功能和要素。这种"智库"理念，被江应樑、方国瑜等融入了云大史学研究之中。

中华人民共和国成立后，江应樑、方国瑜等将这种传统发扬光大，在边疆民族研究中，充分发挥云大史学的特点，用云大史学服务于社会，他们积极参与到国家事务之中，用他们的学术专长为中华人民共和国的建设贡献力量。江应樑参加了中央民族访问团，江应樑、方国瑜等受云南省民委委托研究云南少数民族族系分类，云南大学历史学系师生杜玉亭、木芹等参加了少数民族社会历史调查和民族识别。他们的调查为我国实现民族平等、促进民族团结、制定中国特色民族政策提供了重要的智力支持。方国瑜还负责编绘《中国历史地图集》西南部分，其任务，正如他所言：

> 要正确反映中华人民共和国国土之内在历史上的沿革，要反映出整体发展的中国历史上的政治区域，要为当前的政治服务，而不是为历代王朝的政治服务，不能给帝国主义、修正主义和各国反动派以口实[①]。

云大史学研究始终与国家需要紧密联系在一起，至今仍为云南建设国际大通道、"西南边疆项目"及"一带一路"倡议的现实需要服务。云大

---

① 方福祺：《方国瑜传》，云南大学出版社2001年版，第169页。

史学研究，一直都在秉承江应樑主持云南省边疆行政设计委员会期间的理念，都是为了回答时代和现实提出的问题研究，都在试图加强历史研究与政治现实的联系，做到司马迁所说的"通古今之变"。云大史学在百年校庆之际，必将继续延续这种传统，在云南大学史学同仁的共同努力下，在新时代谱写云南大学中国历史学学科建设的新篇章。

后　记

在迎来云南大学百年华诞之际，2022年，历史与档案学院结合"百年云大，百年史学"的校庆准备工作，开展了"云大史学百年丛书"的编纂、出版工作，回顾云大百年历程中历史学的发展，以推动学术交流，纪念史学前辈对云大史学发展做出的突出贡献。《云南省边疆行政设计委员会与云大史学》忝列其中，与有荣焉。

罗群院长、赵小平书记、范俊副院长等诸位领导，给我们后学提供了研究学习的机会和平台，对于本书的顺利出版倾注了大量心血。恩师潘先林教授从本书的选题构思、资料参考诸方面给予了悉心指导，谷彦梅老师的博士论文《"衙门里的学术机关"——云南省边疆行政设计委员会及其边政工作研究》对本书的写作具有重要启发和参考价值，王春桥副教授对本书的撰写提出了大量修改意见，娄贵品副教授对本书的撰写思路提供了有益的意见。在此，衷心感谢各位老师！此外，也感谢丛书编委会各位老师的辛苦筹划！感谢云南大学出版社张丽华老师、刘娇娇老师在编辑过程中对本书提出的宝贵意见！最后，感谢我的家人在本书撰写过程中悉心照顾小女，让我安心研习撰写，使得2022年那个从早到晚坐在电脑前的夏天如此不同。

三月春城，繁花似锦，校园内海棠盛开，银杏吐露新芽，青松依旧挺直，一派生机盎然，百年云大，恰是风华正茂，祝愿母校砥砺前行，再创辉煌！

由于学识水平有限，书中难免错漏不妥之处，敬请批评指正。

2023年3月
写于云大东陆校区
王冬兰

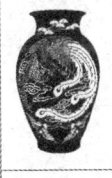